LE PRIX EN DROIT DES CONTRATS

Droit privé et sciences criminelles
Collection dirigée par Yves Strickler

Créée fin 2011 par Yves Strickler et le Centre d'études et de recherches en droit privé (devenu le Centre d'études et de recherches en droit des procédures en 2013) de la Faculté de Droit et Science politique de Nice, la présente collection a pour vocation principale de publier des ouvrages en liaison avec le thème retenu pour dénomination de la collection. Cette dernière rassemble des recherches originales, tirées notamment de travaux de recherche, de manifestations scientifiques ainsi que d'ouvrages collectifs sur les interrogations actuelles que rencontre la science juridique, spécialement dans le domaine du droit privé et des sciences criminelles.

Dernières parutions

Justice et littérature. Nos gloires littéraires et leurs juges. De Chateaubriand à Zola, 2e édition Marcel Foulon, 2024.

Sixième Coloque Interdisciplinaire sur la Défaillance d'Entreprise (CIDE), Éclairages réciproques du droit et des sciences de gestion sur les concepts de la défaillance entrepreneuriale, Xavier Bredart, Karl Lafaurie, Mariyam Lakhal, Eric Séverin (dir.), 2024.

Recherche sur les modes d'extinction de l'obligation, Lionel Andrieu et Marc Mignot (dir.), 2024.

Réception interne des GPA réalisées à l'étranger, Entre ordres étattiques etdésordres juridiques, Florian Bosmel, 2024.

L'obligation de prêter. Contribution à l'étude des obligations du prêteur, Thomas Puech, 2023.

L'effacement des dettes, Pierre Cagnoli et Pierre-Michel Le Corre (dir.), 2023.

Résilience, rebond des TPE et PME en difficulté. Faut-il sauver l'entreprise quoi qu'il en coûte ? Regards croisés Droit et Gestion, Karl Lafaurie et Alain Rivet (dir.), 2023.

La nouvelle justice pénale des mineurs, Pascal Oudot et Laurent Sebag (dir.), 2022.

La gestion du risque pénal et de la conformité à 360° : de l'audit à l'audience. Interconnexion conformité/PEIE et droit pénal de l'entreprise, David Marais, 2022.

La notion de promoteur immobilier, Delphine Pelet, dir. scientifique du Professeur Blandine Mallet-Bricout, 2022.

Le divorce du XXIe siècle (dir. Laetitia Antonini-Cochin et Marie-Cécile Lasserre), 2022.

Audrey Borghini

LE PRIX EN DROIT DES CONTRATS

L'Harmattan

5-7, rue de l'École-Polytechnique, 75005 Paris
http://www.editions-harmattan.fr
ISBN : 978-2-336-55082-4
EAN : 9782336550824

Remerciements

Mes premiers remerciements vont vers Monsieur le Professeur Latina, pour sa bienveillance, sa disponibilité et ses précieux conseils qui, à la fois, m'ont permis de réaliser ce mémoire dans les meilleures conditions et m'ont confortée dans le souhait de poursuivre mes recherches en doctorat.

Mes plus sincères remerciements vont également vers Monsieur le Professeur Strickler, Madame Kassoul ainsi qu'à l'ensemble des enseignants du Master II Droit privé fondamental pour la qualité de leurs enseignements.

Je tiens à exprimer toute ma reconnaissance à mon laboratoire de recherche, le CERDP, pour cette distinction honorifique et pour l'opportunité précieuse qu'il m'a offerte de voir ce travail publié.

Je souhaite remercier mes parents pour leur soutien indéfectible.

Je souhaite enfin remercier Guillaume, dont le soutien quotidien et la présence constante ont été une source inestimable de réconfort tout au long de ce parcours.

SOMMAIRE

Listes des principales abréviations

Al.	Alinéa
Art.	Article
Art. préc.	Article précité
Ass. Plén.	Assemblée plénière de la Cour de cassation
Bull	Bulletin des arrêts de la Cour de cassation
C/	Contre
CA	Arrêt de la Cour d'appel
C. civ.	Code civil Dalloz
C. com	Code de commerce
CE	Conseil d'état
Cf.	Confer
Civ.	Arrêt de la chambre civile de la Cour de cassation (1re, 2e ou 3e)
Com.	Chambre commerciale de la Cour de cassation
D.	Recueil Dalloz
Dir.	Ouvrage écrit sous la direction de
Éd.	Edition
Ex.	Exemple
GP ou Gaz. Pal	Gazette du palais
Ibid	Au même endroit
JCP	Juris-Classeur périodique (la Semaine Juridique)
JO	Journal officiel
L.	Loi
N°	Numéro
Op. cit.	Opus citatum, œuvre déjà citée
Ord.	Ordonnance
p.	Page
PA	Les petites affiches
PDEC	Principes du droit européen des contrats
PUF	Presse universitaire de France
Préc.	Précité
RDC	Revue des contrats
Rép. Civ.	Encyclopédie Dalloz, Répertoire de droit civil
Rép. Com.	Encyclopédie Dalloz, Répertoire de droit commercial

Req.	Arrêt de la chambre des requêtes de la Cour de cassation
Rev. Des soc.	Revue des sociétés
RJDA	Revue juridique de droit des affaires
RTD Civ.	Revue trimestrielle de droit civil
QPC	Question prioritaire de constitutionnalité
S.	Sirey
s.	Suivants
Soc.	Chambre sociale de la Cour de cassation
Supra	Voir plus haut
TGI	Tribunal de grande instance
Vol.	Volume
V. En ce sens	Voir en ce sens

INTRODUCTION

1. « *Le prix, sans doute, figure en bonne place parmi ces notions qui ne sont pas sans mêler banalité et complexité. Une banalité dans l'imagerie populaire à laquelle succède très vite une nette complexité dès que l'on se situe sur le terrain du droit* »[1]. Depuis que ce constat a été effectué, la réforme du droit commun des contrats, qui a notamment intégré de nombreuses dispositions relatives au prix et le projet de réforme du droit des contrats spéciaux, invite à remettre l'ouvrage sur le métier.

2. **La conception du prix dans le sens commun** - « *Il faut définir pour débuter, si l'on ne veut pas finir par buter* »[2] : la clarté des idées commence par une définition précise des termes. Cité pas moins de 185 fois au sein de 140 articles du Code civil, le prix ne fait pourtant l'objet d'aucune définition légale. C'est ainsi qu'il convient d'abord d'en dégager le sens commun, avant d'en examiner le sens juridique. Le prix désigne couramment la somme d'argent échangée contre l'acquisition d'un bien ou d'un service[3]. « *Tout se paie* » ... l'expression est courante. Elle révèle en filigrane le lien souvent établi entre la notion de prix et celle de contrepartie, généralement d'ordre pécuniaire. Ce rapport se traduit également en matière pénale, lorsqu'il est souvent affirmé que le condamné ayant exécuté sa peine « *a payé sa dette envers la société* »[4].

3. **La conception du prix en droit** - En droit, la notion de prix appelle une définition plus précise. Le *Dictionnaire des termes juridiques* Dalloz définit le prix comme « *une somme d'argent sur laquelle porte l'obligation de payer née d'un contrat à titre onéreux* »[5]. L'existence d'une somme d'argent, soit d'un prix monétaire, semble

---

[1] THIOYE (M.), *Recherches sur la conception du prix dans les contrats*, Thèse Université d'Aix-Marseille, 2004.

[2] ELGOZY (G.) « L'esprit des mots ou l'antidictionnaire », Gallimard, Paris, 1981.

[3] LEHMAN (C.), *Essai sur le prix et la valeur en droit des contrats,* Thèse Université Paris-Saclay, 2022.

[4] FRISON-ROCHE (M-A), « L'indétermination du prix », *RTD civ.*, Dalloz, 1992, p. 269.

[5] GUINCHARD (S.) et DEBARD (T.) (dir.), *Lexique des termes juridiques*, Dalloz, 31e éd., 2023-2024.

donc, *a priori*, être l'un des critères de distinction entre les contrats à titre onéreux et les contrats à titre gratuit. L'article 1107 du Code civil définit le contrat à titre onéreux comme étant celui où « *chacune des parties reçoit de l'autre un avantage en contrepartie de celui qu'elle procure* ». Le prix apparaît alors comme un sous-ensemble de la notion générale de contrepartie, substantiellement liée à celle d'onérosité, sans pour autant l'épuiser. C'est une contrepartie d'un type spécial, puisqu'elle prend la forme d'un équivalent monétaire, et dispose à ce titre, d'un régime juridique qui lui est propre. Mais, si la contrepartie peut être purement pécuniaire, elle peut également revêtir d'autres formes telle qu'une contrepartie en nature, par exemple.

4. **Le prix en tant qu'élément de qualification du contrat** - Le prix, en tant que sous-ensemble de la notion de contrepartie, joue un rôle diversifié en droit. Il participe parfois à l'opération de qualification de certains contrats. Il s'agit d'un aspect particulièrement important : en effet, de la qualification d'un contrat découle l'application d'un régime juridique spécifique. Prenons l'exemple du contrat de vente. L'article 1582 du Code civil dispose que : « *la vente est une convention par laquelle l'un s'oblige à livrer une chose, et l'autre à la payer* ». Dès lors, pour qu'un contrat puisse être qualifié de vente, il doit réunir deux éléments essentiels : un transfert de propriété et un prix. Si la contrepartie du transfert de propriété n'est pas un prix, l'opération change alors de qualification : il peut s'agir par exemple d'un échange.

5. **Le prix en tant qu'élément de validité du contrat** - Le prix est également un élément de validité de certains contrats. Faisant l'objet d'une réflexion approfondie au cœur de cette étude, ce point ne sera pas davantage développé au stade de l'introduction. Néanmoins, pour continuer sur l'exemple de la vente, l'article 1591 du Code civil dispose que : « *le prix de la vente doit être déterminé et désigné par les parties* ». Dès lors, en sus d'être un élément de qualification du contrat de vente, le prix en est également un élément de validité. L'indétermination du prix entraîne ainsi la nullité du contrat.

6. **Le prix comme expression de l'autonomie de la volonté des parties** - Faisant partie intégrante de ce qui est désormais nommé le « contenu du contrat », le prix s'en remet essentiellement à la toute-

puissance des parties, à l'autonomie de leur volonté. « *Les parties ont toujours, en dépit de l'interventionnisme introduit par certains textes, veillé à montrer par voie de stipulations particulières le contrat était leur affaire* »[6], relevait déjà en ce sens le Professeur Thioye dans sa thèse intitulée « Recherches sur la conception du prix dans les contrats », soutenue au début des années 2000. Cet attachement à la commune intention des parties se révèle d'autant plus qu'il se démarque des principes du droit européen des contrats, empreints d'une plus grande souplesse en matière de détermination bilatérale du prix[7].

7. **Le nécessaire contrôle du prix** - L'analyse des règles gouvernant le prix en droit des contrats semble toutefois révéler un constat surprenant. Si la prestation monétaire apparaît comme un instrument incontestable de l'autonomie de la volonté, tant au stade de la formation du contrat que de son exécution, elle n'en constitue pas moins l'objet d'un nécessaire contrôle. Ce contrôle judiciaire s'opère évidemment suivant les règles prévues par le droit commun des contrats, mais également par d'autres branches du droit telles que le droit de la concurrence, ou encore le droit de la consommation.

8. **Le contrôle du prix en droit de la concurrence** - Pour ne citer que quelques exemples, en matière de pratiques restrictives de concurrence, les déséquilibres significatifs dans les droits et obligations des parties ont été prohibés par le législateur[8] afin de protéger la partie faible au contrat, reprenant alors une notion bien connue du Code de la consommation, avec l'interdiction des clauses abusives[9]. En 2017[10], la Haute juridiction a réaffirmé que le déséquilibre significatif peut être constitué d'une inadéquation du prix au bien ou à la prestation de service rendue, dès lors qu'il ne procédait

---

[6] THIOYE (M.), *op. cit.* n°1, p.37.

[7] Article 6 :104 : « *Lorsque le contrat ne fixe pas le prix ou la façon de le déterminer, les parties sont censées être convenues d'un prix raisonnable* ». Pour élargir la réflexion au-delà du droit européen, V. En droit anglais, Sale of goods Act 1979, sect. 8, concernant la vente de marchandises. Ou encore, Supply of goods and services Act 1982, sect. 15, à propos du contrat de services.

[8] Article L.442-1, I, 2° du Code du commerce.

[9] Article L. 212-1 du Code de la consommation.

[10] Cass. Com. 25 janv. 2017 n°15-23.547. En ce sens, CHEVRIER (E.), « La libre négociabilité n'exclut pas un contrôle judiciaire du prix », *Dalloz Actualité*, 2017.

pas d'une libre négociation. Cette position fut d'ailleurs déclarée conforme à la Constitution en 2018 par le Conseil constitutionnel[11]. Le juge est alors expressément autorisé à contrôler le prix fixé par les parties, pourvu que le manquement à une libre négociation et l'existence d'un déséquilibre significatif soient constatés[12]. Considérées comme anticoncurrentielles, sont également prohibées les ententes imposant un prix minimal[13], ou celles visant à éliminer un concurrent par l'adoption d'un prix abusivement bas[14].

9. **Le contrôle du prix en droit de la consommation** - Les mécanismes de contrôle du prix se manifestent également dans d'autres domaines. En droit de la consommation, par exemple, la revente d'un produit en l'état à perte est prohibée[15]. Dans la même dynamique, mais les exemples pourraient être multipliés à loisir, la loi[16] octroie au consommateur, depuis le 1er octobre 2021, le droit à une réduction du prix, ou une résolution du contrat dans des cas limitativement prévus, ce qui reviendrait, *de facto*, à contrôler judiciairement un prix contractuellement convenu[17]. Bien qu'ils doivent être mis en parallèle avec les mécanismes de droit commun exposés par la suite, ces exemples mériteraient une réflexion autonome et approfondie. C'est par souci de concision qu'ils ne peuvent être plus amplement examinés dans le cadre de cette étude.

10. **La conception du prix en droit public** - En droit public, les notions d'impôt, de taxe et de redevance donnent lieu à des réalités subtilement différentes en ce qui concerne le concept de prix.

---

[11] Cons. Const. 30 nov. 2018, n° 2018-749 QPC. En ce sens, PINAT (C-S), « La constitutionnalité du contrôle judiciaire des prix en matière de pratiques restrictives de concurrence », *Dalloz Actualité*, 2018.

[12] DE LAMMERVILLE (D.), NUSSENBAUM (M.), KIRILOWITS (N.), « Contrôle judiciaire du prix : les propositions du Club des juristes », *Actu-juridique*, Lexenso, 2021.

[13] Article L. 442-6 du Code du commerce.

[14] Article L.420-5 du Code du commerce.

[15] Article L. 442-5 du Code du commerce : « *Le fait, pour tout commerçant, de revendre ou d'annoncer la revente d'un produit en l'état à un prix inférieur à son prix d'achat effectif est puni de 75 000 euros d'amende* ».

[16] Article L.217-14 du Code de la consommation.

[17] HENRY (X.), « Le contrôle du prix par le juge fondé sur l'interdiction de la soumission à un déséquilibre significatif entre les parties : beaucoup de bruit pour rien ? », *RJDA*, Dalloz, 2019.

La redevance est celle qui se rapproche le plus du prix dans l'acception du droit commun des contrats, car elle représente la contrepartie monétaire proportionnelle à l'utilisation d'un service public. À l'inverse, la taxe est forfaitaire et ne comporte aucune équivalence directe avec le service rendu. L'impôt représente quant à lui le concept le plus éloigné du prix tel qu'entendu en droit commun des contrats, aucun service direct n'étant fourni en échange du paiement.

11. **Une notion polysémique** - Enfin, il est à noter que la notion de prix se révèle polysémique. En principe, le prix devrait désigner - comme le rappelle d'ailleurs le deuxième alinéa de l'article 1582 dans sa version issue de l'avant-projet de réforme du droit des contrats spéciaux - la somme d'argent versée par l'acheteur en contrepartie d'un transfert de propriété dans le cadre d'un contrat de vente. Les autres formes de contreparties monétaires sont désignées par des termes spécifiques. Par exemple, un salarié reçoit un salaire, un entrepreneur libéral perçoit des honoraires, un bailleur reçoit un loyer. Il importe également de souligner que le prix peut revêtir de nombreux sens figurés, lesquels ne seront pas pris en considération dans le cadre de cette étude. Nous le voyons d'emblée, au-delà des apparences, définir la notion de prix et saisir son rôle en droit des contrats n'est pas aussi simple qu'il y paraît à première vue. Mais pour mieux saisir le sens des définitions actuelles, encore faut-il en comprendre l'origine.

12. **Conception historique du prix en droit des contrats** - « *Longtemps, le prix n'a pas eu la vedette dans la théorie générale du contrat, englobé dans l'analyse de l'objet de l'obligation monétaire dans le cas du contrat à titre onéreux* », rappelle le Professeur Tomasin[18]. Néanmoins, l'on arrive à faire remonter cette notion au droit romain, les modèles contractuels antiques prévoyaient déjà des échanges à titre onéreux. À cette époque, le contrat de travail supposait un salaire (*merces*) et le contrat de vente un prix (*pretium*), lequel devait nécessairement constituer une somme d'argent. Si l'acheteur proposait une autre compensation, l'acte n'était pas considéré comme une vente, mais comme un échange. Cette distinction avait d'ailleurs donné lieu à une célèbre controverse entre les Sabiniens et les Proculiens. Les premiers estimaient que l'échange devait être considéré comme une forme de vente particulière. Les seconds, en revanche, soutenaient que

---

[18] THIOYE (M.), *op. cit.* n°1, p.37.

la distinction entre la vente et l'échange devait être maintenue. C'est la deuxième solution qui avait été, à l'époque, retenue. En outre, toujours dans le cadre de la vente, le prix devait déjà être réel et sérieux, sinon, il s'agissait d'une libéralité. Il devait également être certain et déterminé par les deux parties au moment de la conclusion du contrat. Une dérogation était toutefois possible. Les parties pouvaient s'entendre pour une détermination ultérieure du prix à condition que le contrat ait prévu des éléments permettant sa fixation postérieure[19], ce qui n'est pas sans rappeler le régime actuel de la détermination du prix contractuel, largement envisagé à l'occasion de la réforme de 2016.

13. **Le prix et la réforme du 10 février 2016** - La réforme issue de l'ordonnance du 10 février 2016 s'est notamment employée à moderniser les règles attachées au contenu du contrat, lequel recouvrait auparavant les notions d'objet (ce à quoi le débiteur s'obligeait) et de cause (ce pourquoi il souscrivait un engagement). Si une préférence est désormais accordée au terme contenu, le concept sous-jacent demeure pourtant, nous le verrons, bien souvent inchangé : « *le mot disparaît, mais les utilisations demeurent* »[20]. Dans cette dynamique, le législateur a prêté une attention toute particulière à la détermination et à l'exécution de la prestation monétaire, ainsi qu'aux dispositifs de contrôle qui lui sont attribués.

14. **Intérêt de l'étude du prix en droit des contrats** - Il est peu étonnant que le prix soit considéré comme un élément essentiel de certains contrats. Lorsque des engagements sont pris en vue de fournir un bien ou d'accomplir une prestation de service, il est fréquent qu'ils soient assortis d'une contrepartie, revêtant généralement la forme d'un prix. Indubitablement, des principes tels que la gratuité, l'intention libérale et la solidarité ont perduré à travers le temps et continuent d'occuper une place certaine dans notre société. Cependant, il est manifeste que la primauté accordée à la recherche du profit a largement surpassé les initiatives motivées

---

[19] MACQUERON (J.), *Histoire du droit des obligations, le droit romain*, Publications du centre d'histoire institutionnelle et économique de l'antiquité romaine, série mémoires et travaux, n°1, 1971.

[20] SEUBE (J-B.), « Les conditions de validité du contrat : le contenu et la forme du contrat », UNJF, 2023.

par le désintéressement : il va sans dire que la société se marchandise ou se patrimonialise de manière sans cesse croissante... En témoigne d'ailleurs le développement exponentiel des normes en matière de droit de la concurrence, du droit de la consommation ou encore du droit commercial ; que ce soit en droit interne, ou en droit communautaire.

15. Si l'on retrouve les premières traces de la notion de prix en droit romain - les modèles contractuels antiques prévoyaient déjà des échanges à titre onéreux - « *il ne faudrait pas en déduire que, si ancienne et nécessaire qu'elle puisse être, la pratique de la détermination du prix, dans les contrats qui en comportent un, soit, en dépit de la fongibilité de la monnaie, chose nécessairement facile* »[21]. Presque une décennie après la réforme de 2016, des incertitudes demeurent et des évolutions pourraient également être apportées s'agissant des mécanismes de détermination et de contrôle du prix en droit des contrats.

16. **Problématique** - Quoique fréquemment usité dans le langage courant, tout comme dans nombre de disciplines juridiques, la notion de prix en droit des contrats n'en constitue pas moins une œuvre complexe dont il est ardu de saisir la véritable portée juridique. Cette étude se propose d'explorer la notion de prix en droit des contrats, tant en ce qui concerne sa détermination que son contrôle, à la lumière de la réforme du 10 février 2016, ainsi que de l'avant-projet de réforme du droit des contrats spéciaux. Faisant partie intégrante du contenu du contrat, le prix apparaît, nous l'avons vu dans le cadre des premières réflexions définitionnelles, comme un élément essentiel tant pour la qualification de certains contrats qu'au titre de ses conditions de validité. « *Porte étendard de l'autonomie de la volonté* »[22], il n'en demeure pas moins l'objet d'un nécessaire contrôle à chaque étape de la vie contractuelle : « *tout est comme si le prix constituait, au prime abord, un facteur drapé du manteau de la liberté, mais que derrière celui-ci, se cachent nombre de petites chaînes* »[23]. À ce titre, il convient d'analyser comment, dans une conception classique du contrat, le prix doit être déterminé - *a priori* - librement par les parties au contrat, parfois même unilatéralement par l'une d'entre elles, mais aussi

[21] FRISON-ROCHE (M-A), *op.cit.* n°4.
[22] THIOYE (M.), *op. cit.* n°1, p.41.
[23] THIOYE (M.), *op. cit.* n°1, p.38.

comment celui-ci doit être finalement contrôlé dans un souci de protection de la partie faible.

17. **Annonce de plan** - Historiquement, la jurisprudence a pu tolérer une certaine flexibilité dans la fixation du prix, permettant un certain degré d'unilatéralité. Désormais, pour qu'un contrat à titre onéreux soit valide, le prix doit être déterminé ou déterminable par les parties dès la formation du contrat. Cependant, « *il ne faudrait pas en déduire que, si ancienne et nécessaire qu'elle puisse être, la pratique de la détermination du prix, dans les contrats qui en comportent un, soit, en dépit de la fongibilité de la monnaie, chose nécessairement facile* »[24]. Cette détermination doit, en outre, faire l'objet d'un contrôle rigoureux, visant principalement à protéger la partie la plus faible. Les mécanismes de contrôle du prix, institués par le législateur, se déploient à toutes les étapes de la vie contractuelle, depuis la formation jusqu'à l'exécution du contrat. Le rôle judiciaire est au cœur de cette dynamique : de la possibilité de réviser le contenu contractuel, dont le prix est un élément essentiel, à la faculté d'anéantir totalement le contrat en présence d'un déséquilibre manifeste, le juge oscille continuellement entre la préservation traditionnelle de l'autonomie de la volonté et la nécessaire protection des parties contractantes. Tel Janus au double visage, les deux faces du prix seront ici abordées : sa détermination (première partie) et son contrôle (seconde partie).

---

[24] FRISON-ROCHE (M-A), *op.cit.* n°4.

PREMIÈRE PARTIE
LA DETERMINATION DU PRIX

18. **Annonce** – « *Le droit français antérieur à la réforme n'était pas, sur la question de la fixation du prix, d'une simplicité ni d'une cohérence parfaite* »[25]. L'exigence relative à la détermination du prix ayant été au cœur d'une tumultueuse saga jurisprudentielle (Chapitre préliminaire) étendue sur des décennies et dont il convient de saisir les nuances afin de comprendre les fondements actuels du régime de la détermination du prix, il est tout naturellement revenu au législateur de se positionner sur le sujet à l'occasion de la réforme du 10 février 2016. Toutefois, si l'on pouvait raisonnablement anticiper que la réforme entérinerait, au regard de la technique de codification à droit constant employée, les solutions acquises des célèbres jurisprudences de 1995[26], la réalité demeure quelque peu différente. Alors que le principe d'une nécessaire détermination du prix a, semble-t-il, été largement consacré par la réforme de 2016, principalement sur le fondement de l'article 1163 du Code civil (Chapitre premier), cette exigence doit néanmoins être articulée avec les textes propres à certains contrats particuliers[27], tels que le contrat de prestation de service ou encore le contrat-cadre, pour lesquels un certain degré d'unilatéralisme demeure potentiellement, et légalement, octroyé dans la fixation du prix (Chapitre second).

---

[25] BORGHETTI (J-S.), « Fixation et révision du prix », *RDC*, Lextenso, 2018, p.25.
[26] GRIMALDI (C.), « La fixation du prix », *RDC*, Lextenso, p.558, 2017.
[27] GRIMALDI (C.), *op. cit.* n°26.

CHAPITRE PRÉLIMINAIRE
La tumultueuse construction prétorienne du régime de la détermination du prix

19. **Annonce** - « *Curieuse histoire que celle de la jurisprudence des dernières décennies concernant le problème de la détermination du prix dans les contrats* »[28] affirmait Maître Jeol au lendemain du revirement opéré par l'Assemblée plénière de la Cour de cassation le 1er décembre 1995. Effectivement, alors que le Code civil de 1804 ne présentait que de fort modestes enseignements concernant la question de la détermination du prix[29], seules quelques dispositions spéciales, telles que l'article 1591 du Code civil relatif aux contrats de vente, énonçaient le principe selon lequel le prix devait être déterminé afin que le contrat puisse être valablement formé. C'est ainsi que, dans le silence de la loi, il est classiquement revenu à la jurisprudence d'établir la règle applicable en matière de détermination du prix des contrats à titre onéreux, n'étant pas nécessairement exécutés immédiatement. Après avoir subordonné la validité du contrat à la détermination, si ce n'est du prix, à tout le moins des modalités de sa fixation (Section I), la Cour de cassation a abandonné cette condition en 1995, en consacrant le principe de l'indétermination du prix (Section II).

Section I. L'exigence de détermination du prix

20. **Annonce** - Si l'exigence de détermination du prix au stade de la formation du contrat fut un temps hardiment affirmée (Paragraphe I), ce principe a été progressivement atténué (Paragraphe II) par la jurisprudence.

---

[28] JEOL (M.), « Le contenu juridique des décisions du 1er décembre 1995 », *RTD Com.,* Dalloz, 1997, p.1.

[29] TERRE (F.), SIMLER (Ph.), LEQUETTE (Y.), *Droit civil, les obligations*, Dalloz, 13e édition, 2022. V. aussi en ce sens, FRISON-ROCHE (M-A), *op. cit.* n°4 : *« La fortune de l'indétermination du prix vient que son utilisation supplée l'absence en droit français de sanction »*. V. également en ce sens, FERRIER (D.), « La détermination du prix : les apports au droit commun des obligations », *RTD Com.*, Dalloz, 1997, p.49 : « *En l'absence de disposition légale concernant précisément la détermination du prix dans le contrat-cadre, (...) et même dans les contrats en général* ».

Paragraphe I. Un principe initialement affirmé

21. **Annonce** - L'exigence de détermination du prix fut d'abord affirmée en tant que condition de validité du contrat par une application extensive du droit spécial de la vente (A), avant d'être réaffirmée par application du droit commun (B).

A. Une application extensive du droit spécial de la vente

22. **La détermination du prix dans les contrats-cadres de distribution** - C'est d'abord sur le fondement de l'article 1591 du Code civil, propre à la vente, qu'a débuté la « *chasse aux nullités pour indétermination du prix* »[30], à propos de contrats d'assistance et de fourniture entre pompistes de marque et sociétés pétrolières. Le 27 avril 1971[31], la chambre commerciale de la Cour de cassation considéra que dès l'instant qu'une clause d'approvisionnement exclusif comportait nécessairement pour son exécution une série de ventes successives, celles-ci étaient soumises aux dispositions de l'article 1591 du Code civil. Elle a ainsi estimé qu'un contrat-cadre devait être annulé dans la mesure où « *les éléments du tarif des distributeurs ne dépendaient pas de la volonté de ceux-ci* » : s'est ainsi développée l'utilisation jurisprudentielle de la notion d'indétermination du prix.

23. **Critiques doctrinales** - Cette solution fut vivement critiquée par la doctrine : n'étant pas directement constitutif d'un transfert de propriété, le contrat-cadre ne pouvait valablement être assimilé à une vente. En l'analysant comme tel, la Cour faisait alors une application extensive de l'article 1591 du Code civil à des contrats qui avaient pour objet, non pas une vente, mais bien l'encadrement de contrats d'application future[32]. Le Professeur Ghestin rappelait d'ailleurs à ce titre que les contrats-cadres ne sont pas en eux-mêmes des contrats de vente, « *même si celles-ci sont la finalité essentielle de la*

---

30 MALAURIE (Ph.), *Recueil Dalloz*, Chronique jurisprudence flash, 1989, p.121.

31 Cass. Com. 27 avr. 1971, n°70-10.753. En ce sens, V. Aussi Cass. Com. 12 févr.1974, n°72-13.959.

32 MESTRE (J.), « De l'exigence d'un prix déterminable au regard de l'article 1129 du Code civil », *RTD civ.*, Dalloz, 1987, pp. 94-102.

convention »[33]. Un changement de fondement textuel est alors apparu nécessaire aux yeux de la doctrine.

B. Une application extensive du droit commun

24. **Une évolution du fondement textuel** - En réaction aux critiques doctrinales, la chambre commerciale poursuivit sa *« chasse aux nullités »*[34] en se fondant sur l'ancien article 1129 du Code civil, texte général relatif à tous les contrats. C'est précisément par un arrêt rendu le 11 octobre 1978[35], qu'elle estima qu' « *en vertu de ce texte il faut, pour la validité du contrat, que la quotité de l'objet de l'obligation qui en est issue puisse être déterminée* » à propos de contrats d'assistance et de fourniture conclus entre brasseurs et détaillants. Cette solution a ensuite été étendue de façon constante, d'abord aux contrats de bière, aux contrats d'approvisionnement en carburants et lubrifiants[36], aux contrats de franchise[37], au point d'être considérée, selon le Professeur Mestre, « *comme une exigence de droit commun* »[38].

25. **Les réflexions doctrinales** - Bien que pour certains auteurs, « *l'application de l'article 1129 au prix paraissait parfaitement justifiée* »[39], selon le Professeur Frison-Roche, il ne s'agissait pas là d'une stricte application textuelle, mais d'une véritable extension prétorienne de son champ d'application[40]. Le Professeur Mestre parlait même quant à lui, d'une « *relecture* » de son contenu[41]. En pratique, il paraissait extrêmement difficile de déterminer avec exactitude le prix d'opérations pouvant se concrétiser dans un temps parfois très éloigné de la conclusion du contrat initial. Il est clair, aux yeux du Professeur

---

[33] GHESTIN (J.), « Réflexions sur le domaine et le fondement de la nullité pour indétermination du prix », *Recueil Dalloz,* 1993, p. 251.
[34] V. en ce sens, MALAURIE (Ph.), *op. cit.* n°30.
[35] Cass. Com. 11 oct. 1978, n°77-11.624.
[36] Cass. Com., 11 déc. 1978 n°77-11.624.
[37] Cass. Com., 12 déc. 1989, n°88-17.021, Publié au bulletin.
[38] MESTRE (J.), *op. cit.* n°32 et s.
[39] FERRIER (D.), *op. cit.* n°29. V. également en ce sens HOUIN (R.), note sous Cass. Com. 11 oct. 1978 n°77-11.624, *Recueil Dalloz Sirey*, 1979, p.137.
[40] FRISON-ROCHE (M-A), *op. cit.* n°4.
[41] MESTRE (J.), *op. cit.* n°32.

Ghestin, que le contrat-cadre, « *qui a naturellement vocation à se prolonger plusieurs années, ne peut fixer lui-même le prix de la série de livraisons futures qui dépend de l'évolution du marché* »[42]. En découlait une grande insécurité juridique pour les justiciables, puisque ces contrats, pourtant fortement usités en pratique, se voyaient menacés dans leur existence même en l'absence de fixation du prix *ab initio* : une atténuation de ce principe est alors apparue nécessaire.

Paragraphe II : Un principe atténué

26. **Annonce** - Le principe de détermination du prix a d'abord été atténué par une application limitée à certaines obligations (A), avant que le caractère déterminable du prix ne puisse être déduit d'une simple référence à un tarif (B), marquant ainsi une amorce de revirement jurisprudentiel.

A. Une application limitée à certaines obligations

27. **Une distinction entre les obligations de donner et de faire** - Dès 1987, « *le ciel s'assombrit quelque peu* »[43] lorsque la jurisprudence opéra une distinction entre les obligations de donner, - « *dont l'existence et la consistance sont tenues pour acquises* »[44] - et les obligations de faire, afin de déterminer si la fixation du prix est exigée au titre des conditions de validité d'un contrat. C'est précisément dans un arrêt du 9 novembre 1987[45] que la chambre commerciale de la Cour de cassation a refusé l'annulation d'un contrat de distribution pour indétermination du prix, estimant qu'il s'agissait d'un contrat portant sur une obligation de faire.

28. **Un retour critiqué à une conception extensive** – Le retour à une conception extensive de la nullité pour indétermination du prix fut remarqué, notamment à travers plusieurs arrêts rendus en 1991[46]. La

---

[42] GHESTIN (J.), *op. cit.* n°33.
[43] MESTRE (J.), *op. cit.* n°32.
[44] TALON (D.), « Le surprenant réveil de l'obligation de donner », *Recueil Dalloz*, 1992, p.67.
[45] Cass. Com. 9 nov. 1987, n°86-13.984.
[46] Cass. Com., 22 janvier 1991 n°88-15961.

doctrine a pu dénoncer une « *jurisprudence obstinée* »[47], n'ayant réussi à modifier, ni même à concilier[48] ses exigences avec les nécessités de la pratique contractuelle[49], créant ainsi une « *grave incertitude juridique* »[50] puisque les contrats de distribution se trouvaient « à la merci »[51] d'une action en nullité pouvant être intentée par l'une ou l'autre des parties dans l'unique dessein de contourner une obligation contractuelle jugée trop contraignante[52], réduisant alors, semblerait-il, à peau de chagrin le principe de force obligatoire du contrat. La solution selon laquelle seuls les contrats engendrant ou comportant des obligations de donner, relevaient de l'application de l'article 1129 du Code civil, fut clairement réaffirmée par la chambre commerciale le 22 janvier 1991[53] à propos d'une convention de distribution exclusive, tout en y ajoutant le critère d'un libre débat et d'une acceptation du prix pour chacune des ventes concernées. La solution était limpide : l'article 1129 du Code civil « *quitte donc le monde des obligations de faire* »[54] pour être désormais applicable aux seuls contrats générateurs d'obligations de donner. De cette distinction, qualifiée « *d'acrobatique et obscure* »[55] par le Professeur Malaurie, est alors apparue la nécessité d'un assouplissement de l'obligation de détermination du prix.

---

[47] AYNÈS (L.), « Indétermination du prix dans les contrats de distribution : comment sortir de l'impasse ? », *Recueil Dalloz*, 1991, p. 25.
[48] ASSELAIN (M.), « L'obligation de détermination du prix dans les contrats de distribution », *LPA n°81*, Lextenso,1996, p.27.
[49] ASSELAIN (M.), *op. cit.* n°48. V. également en ce sens JEOL (M.), *op. cit.* n°28 : « *Les clauses-prix permises étant les moins adaptées à la vie des affaires* ».
[50] AYNÈS (L.), *op. cit.* n°47.
[51] AYNÈS (L.), *op. cit.* n°47
[52] JEOL (M.), *op.cit.* n°28 à propos de l'utilisation de l'article 1129 du Code civil : « *son utilisation perverse par des plaideurs de mauvaise foi, à l'occasion de n'importe quel procès* ».
[53] MALAURIE (Ph.), « Nullité d'une convention de distribution de matériel pour indétermination des prix : recherche si les stipulations du contrat comportent essentiellement des obligations de faire ou au contraire essentiellement des obligations de donner », *Recueil Dalloz*, 1991, p. 501. Note sous Cass. Com. 2 juill. 1991 n° 89-19.247.
[54] MESTRE (J.), *op. cit.* n°32.
[55] MALAURIE (Ph.), *op. cit.* n°30.

B. L'assouplissement de l'obligation de détermination du prix : l'amorce d'un revirement

29. **Une position doctrinale favorable au changement** - Alors que la chambre commerciale cantonnait, désormais classiquement, l'exigence de détermination du prix aux seuls contrats engendrant des obligations de donner, un revirement jurisprudentiel était vivement attendu par une partie de la doctrine. Le Professeur Malaurie[56], envisageant la rigidité qu'avait naguère le droit français comme une entrave potentielle à la concurrence au sein de la Communauté économique européenne, recommandait ouvertement un changement jurisprudentiel. Le Professeur Aynès suggérait quant à lui « *d'abandonner la sanction préventive d'éventuels abus pour se consacrer au traitement efficace des abus effectifs* »[57]. C'est, semblerait-il, dans cette dynamique que la première chambre civile de la Cour de cassation a pris le contrepied de « *l'attitude traditionnelle* »[58] adoptée par la chambre commerciale, en optant notamment pour une nouvelle appréciation de la déterminabilité du prix.

30. **Les arrêts Alcatel** - Par deux arrêts « *Alcatel* » rendus le 29 novembre 1994[59], la première chambre civile de la Cour de cassation déduisait d'une simple référence à un tarif, le caractère déterminable du prix. Cet assouplissement jurisprudentiel offrait une possibilité nouvelle de lutter contre les abus constatés sous l'empire de la jurisprudence antérieure[60]. Une telle souplesse pourrait toutefois amener à craindre de nouveaux abus liés, cette fois-ci, à l'unilatéralité accordée à l'une des parties, dans le processus de fixation du prix. Aux yeux de la doctrine, il semblerait pourtant que ce choix ne fasse, en réalité, que révéler le souhait d'un glissement du contentieux relatif à la détermination du prix

---

[56] En ce sens, MALAURIE (Ph.), *op. cit.* n°30: « *J'approuve l'évolution de la jurisprudence contemporaine, dans son principe, lorsqu'elle assouplit les règles sur la détermination du prix. Je souhaite qu'elle aille plus loin et qu'elle se simplifie en faisant coïncider les données juridiques avec les réalités économiques et sociales* (...) *Notre jurisprudence devait changer.* ».

[57] AYNÈS (L.), *op. cit.* n°47.

[58] MESTRE (J.), *op. cit.* n°32.

[59] Cass. Civ 1e, 29 nov. 1994, n°91-21.009.

[60] V. En ce sens : « A. Une application limitée à certaines obligations ».

du stade de la formation du contrat vers celui de son exécution.[61] Effectivement, si l'une des parties contractantes peut désormais bénéficier de cet assouplissement jurisprudentiel dans la déterminabilité du prix, elle ne saurait pour autant abuser de ce pouvoir en toute impunité : le principe de bonne foi dans la fixation ultérieure du prix, c'est-à-dire au stade de l'exécution du contrat demeure. Aux yeux du Professeur Asselain, ce contrôle *a posteriori* constitue « *un système beaucoup plus adéquat que l'annulation du contrat pour indétermination du prix* »[62]. Le constat de cet assouplissement marque ainsi l'amorce d'un revirement qui sera pleinement opéré le 1er décembre 1995 par l'Assemblée plénière de la Cour de cassation, consacrant ainsi le principe d'indétermination du prix.

Section II. La consécration du principe d'indétermination du prix

31. **Annonce** - Les quatre arrêts rendus par la Cour de cassation, en sa formation plénière, le 1er décembre 1995[63], opèrent un renversement attendu du principe et de l'exception[64] : l'indétermination du prix étant devenue la règle de principe alors que la détermination du prix ne relève plus que de l'exception. Ces décisions rompent alors une jurisprudence qui affirmait des décennies durant - nous l'avons vu - que le prix constituait un élément de validité des contrats-cadres et devait donc, à ce titre, être prédéterminé *ab initio*[65]. Le contrôle du prix étant désormais déplacé *a posteriori*, seront successivement abordées la genèse du contrôle de l'abus dans la fixation ultérieure du prix (Paragraphe I) et les réflexions nouvelles qui en résultent (Paragraphe II).

---

[61] GRIGNON (P.), « Prix », *Répertoire de droit commercial*, Dalloz, 2016. V. également en ce sens, MESTRE (J.), « Vers une nouvelle lecture de l'article 1129 du code civil ? », *RTD Civ.*, Dalloz, p.358.

[62] ASSELAIN (M.), *op. cit.* n°48.

[63] Cass. Ass. Plén., 1e déc. 1995, n°91-15.578, n°91-15.999, n°93-13.688, n°91-19.653.

[64] BUREAU (D.), MOLFESSIS (N.), « Les arrêts de l'assemblée plenière de la Cour de cassation en matière de détermination du prix dans les contrats », *LPA - n°155*, Lextenso, p.11, 1995. Note sous Cass. Ass. Plén. (4 arrêts) 1er décembre 1995.

[65] V. en ce sens, FERRIER (D.), *op. cit.* n°29, p.1.

Paragraphe I. La genèse du contrôle de l'abus dans la détermination ultérieure du prix

32. **Annonce** - Le contrôle de la détermination du prix au stade de la formation du contrat est désormais abandonné (A) au profit d'un contrôle du prix abusivement fixé au stade de l'exécution du contrat (B).

A. L'abandon du contrôle de la détermination du prix au stade de la formation du contrat

33. **De la « chasse aux nullités »[66] à la « chasse aux abus »[67]** - C'est notamment dans l'arrêt « *Sté Le Montparnasse c/ GST Alcatel Bretagne* »[68] que l'Assemblée plénière de la Cour de cassation a déclaré l'article 1129 du Code civil inapplicable à la détermination du prix, abandonnant de fait le contrôle de la détermination du prix au stade de la formation du contrat, précisément du contrat-cadre. Dans les arrêts « *CAT. c/ Sté Sumaco*»[69], « *Cofratel c/ Sté Bechtel Fr* »[70] et « *Vassali c/ Gagnaire* »[71], rendus à propos de contrats d'entretien d'installation téléphonique, l'Assemblée plénière de la Cour de cassation a affirmé que « *lorsqu'une convention prévoit la conclusion de contrats ultérieurs, l'indétermination du prix de ces contrats dans la convention initiale n'affecte pas, sauf dispositions légales particulières, la validité de celle-ci, l'abus dans la fixation du prix ne donnant lieu qu'à résiliation ou indemnisation*» . Ce faisant, la « *chasse aux nullités* »[72] céda ainsi sa place à « *la chasse aux abus* »[73].

---

66 V. en ce sens, MALAURIE (Ph.), *op. cit.* n°4, p.2.
67 V. en ce sens, JEOL (M.), *op. cit.* n°28, p.1.
68 Cass. Ass. Plén., 1e déc. 1995, n°93-13.688.
69 Cass. Ass. Plén., 1e déc. 1995, n°91-15.578.
70 Cass. Ass. Plén., 1e déc. 1995, n°91-15.999.
71 Cass. Ass. Plén., 1e déc. 1995, n°91-19.653.
72 MALAURIE (Ph.), *op. cit.* n°30.
73 JEOL (M.), *op. cit.* n°28.

B. Un contrôle du prix abusif au stade de l'exécution du contrat

34. **Les manifestations potentielles de « l'abus »** - Si la Cour ne semble pas avoir donné de définition précise de cet « abus », c'est sous le quadruple visa des articles 1709, 1710, 1134 et 1135 du Code civil que fut néanmoins rendue sa décision. De cette indication, nous pouvons déduire un élargissement des manquements pouvant être retenu[74], tels que l'obligation d'une exécution de bonne foi[75], mais également l'équité, l'usage, ou la loi[76]. Dans ses travaux, Maître Jeol approfondit d'ailleurs ces dernières références. Selon lui, l'équité pourrait prohiber une disproportion manifeste entre les prestations. L'usage pourrait renvoyer au prix de référence du marché ou encore aux pratiques contractuelles. Enfin, la loi pourrait, toujours selon lui, servir de « passerelle » vers le droit de la concurrence ou de la consommation[77]. Selon le Professeur Revet, la référence à l'article 1135 permettrait plus globalement de « *renforcer l'obligation pour le partenaire dominant de prendre en compte l'intérêt du partenaire dominé, lors de la fixation du prix* »[78]. C'est alors, semble-t-il, en réponse aux vives critiques émises par une partie de la doctrine à propos de l'inadaptation de la nullité du contrat pour indétermination du prix employée jadis par la jurisprudence, que l'assemblée plénière a permis au juge d'opter, en cas d'abus, pour une résiliation du contrat ou pour l'octroi de dommages-intérêts. En anéantissant le contrat uniquement pour l'avenir, tout en remédiant au préjudice subi grâce à l'octroi de dommages et intérêts, les sanctions nouvellement envisagées seraient alors, aux yeux du Professeur Ferrier « *a priori plus adaptées* »[79]. L'auteur d'une fixation abusive du prix au stade de l'exécution du contrat engage alors sa responsabilité contractuelle[80].

---

[74] Lesquels ne visaient, dans les arrêts Alcatel que le 3e alinéa de l'article 1134 du Code civil. En ce sens, SIMLER (Ph.), « La détermination du prix : rapport de synthèse », *RTD Com.*, Dalloz, 1997, p.75 : « *Après le ballon d'essai de la bonne foi, dans l'arrêt Alcatel du 29 novembre 1994* ».

[75] Article 1134 du Code civil.

[76] En référence au visa de l'ancien article 1135 du Code civil.

[77] JEOL (M.), *op. cit.* n°28.

[78] REVET (T.), « La détermination du prix : les apports au droit des relations de dépendance », *RTD Com.*, Dalloz, 1997, p.37.

[79] FERRIER (D.), *op. cit.* n°29.

[80] Sur le fondement de l'article 1147 du Code civil.

Toutefois, tel que le remarque Monsieur Jeol, la faute consisterait en une exécution abusive du contrat, se distinguant du régime « normal » de responsabilité contractuelle, où elle consiste en l'inexécution du contrat[81]. « *Un champ nouveau d'une considérable ampleur s'ouvre à l'application du concept d'abus* »[82].

Paragraphe II. Les réflexions nouvelles sur le critère de l'abus

35. **Annonce** – Si, dans un premier temps, la solution nouvelle a paru nécessaire aux yeux d'une grande partie – pour ne pas dire l'unanimité – de la doctrine (A), rapidement, des réserves ont pu être émises (B).

A. Une solution a priori nécessaire

36. **Un revirement attendu** - « *L'horizon, comme par enchantement, s'éclaire* »[83] disait aussitôt le Doyen Simler à la lumière de l'abandon jurisprudentiel du « *carcan* »[84] de l'indétermination du prix. En déplaçant la question de la détermination du prix au stade de l'exécution du contrat, la Haute Cour offre ainsi, aux yeux du Professeur Mestre, une lueur si ce n'est de liberté, du moins de « *tranquillité d'esprit* » aux praticiens[85]. Comme le souligne le Professeur Simler, c'est en sanctionnant l'abus dans la fixation ultérieure du prix, que « *le mal* »[86] semble être atteint à sa « *véritable source* », ne se situant non pas dans le contrat-cadre initial, mais bien dans les contrats d'application. Si ce revirement a été, à bien des reprises, réaffirmé et consolidé par la jurisprudence pour différents types de contrats, tels que le contrat de concession exclusive[87], ou

[81] JEOL (M.), *op. cit.* n°28.
[82] SIMLER (Ph.), *op. cit.* n°74.
[83] SIMLER (Ph.), *op. cit.* n°74.
[84] FRISON-ROCHE (M-A), « De l'abandon du carcan de l'indétermination du prix », *RJDA*, 1996, p. 3.
[85] MESTRE (J.), *op. cit.* n°32.
[86] SIMLER (Ph.), *op. cit.* n°74.
[87] Cass. Com. 11 juin 1996, n°94-16.866.

encore le contrat de franchise[88], des réserves persistent toutefois en doctrine face à ce « *changement radical de perspective* »[89].

B. Les réserves doctrinales du revirement

37. **Sur l'office du juge** – Avant même que cette décision ne soit rendue par l'Assemblée plénière, le Professeur Ghestin relevait que le prix ne pouvait « *dépendre de la volonté arbitraire de l'une des parties sans remettre en cause le fondement même de la force obligatoire du contrat* »[90] et suggérait alors d'octroyer au juge des pouvoirs accrus en matière de détermination du prix. Si la décision commentée ne semble guère attribuer un pouvoir d'immixtion au juge dans la fixation du prix[91], il ne pourra pour autant échapper à l'appréciation de son caractère abusif[92]. Toutefois, la justice - rendue par des hommes pour des hommes - n'étant pas infaillible, une certaine méfiance à l'égard du pouvoir discrétionnaire accordé au juge, demeure dans l'esprit de certains justiciables. Alors que l'indétermination du prix était autrefois systématiquement sanctionnée par la nullité, le juge ne disposait pas d'une grande marge d'appréciation. À l'inverse, la décision nouvelle ne risquerait-elle pas de se voir entachée d'un risque d'arbitraire judiciaire ? La question se pose aux yeux du Professeur Simler pour qui cette nouvelle perspective est susceptible de générer quelques légitimes inquiétudes[93].

38. **Sur la protection de la partie faible et la preuve de l'abus** - Lorsque la nullité était prononcée au visa de l'article 1129 du Code civil, le demandeur n'avait nul besoin de rapporter d'autre preuve que celle de l'indétermination initiale du prix[94]. À la lumière de cette nouvelle décision, la partie demanderesse est non seulement tenue d'agir en résiliation, mais elle devra encore s'efforcer de prouver un abus dans la fixation ultérieure du prix, dont les critères ne semblent

[88] Cass. Com. 27 janv. 1998, n°96-11.874.
[89] BUREAU (D.) et MOLFESSIS (N.), *op. cit.* n°64.
[90] GHESTIN (J.), *op. cit.* n°33.
[91] BOURGEON (Ch.), « L'indétermination du prix : les apports économiques », *RTD Com.*, Dalloz, 1997.
[92] FERRIER (D.), *op. cit.* n°29.
[93] SIMLER (Ph.), *op. cit.* n°74.
[94] La détermination du prix étant alors un critère de validité du contrat.

pas pour autant clairement établis[95]. En outre, les conséquences de ces deux sanctions ne sont pas les mêmes : la résiliation du contrat, à la différence de la nullité, ne garantissant pas nécessairement la libération totale de la partie plaignante. Dès lors, force est de constater, selon le Professeur Simler, que la partie demanderesse - pourtant considérée, du moins dans ce contexte, comme étant la plus « faible » au contrat - est alors placée dans une position nettement moins avantageuse[96].

39. **Sur les fondements juridiques employés** - S'il avait été reproché à la jurisprudence antérieure d'avoir un temps poursuivi sa « *chasse aux nullités* »[97] pour indétermination du prix sur le fondement de l'article 1129 du Code civil, la jurisprudence nouvelle semble, aux yeux du Professeur Jeol, « *tout aussi discutable du point de vue de ses fondements juridiques* »[98]. En se référant « *globalement et sans explication* »[99] aux articles 1134 et 1135 du Code civil pour déplacer son contrôle du prix de la formation du contrat à son exécution, l'Assemblée plénière ne semble pas faire l'unanimité auprès de la doctrine. « *Peut-on alors se satisfaire de voir aujourd'hui réglée cette même question par une utilisation reconnue comme dévoyée des principes gouvernant les effets du contrat* » ?[100] Une réponse négative semble devoir s'imposer : alors que le principe semblait pourtant bien acté par la jurisprudence, la réforme du droit des contrats du 10 février 2016 n'a pas repris, du moins de manière expresse, cette solution.

---

[95] REVET (T.), *op. cit.* n°78.
[96] SIMLER (Ph.), *op. cit.* n°74.
[97] MALAURIE (Ph.), *op. cit.* n°30.
[98] JEOL (M.), *op. cit.* n°28.
[99] *Ibid.*
[100] FERRIER (D.), *op. cit.* n°29.

CHAPITRE PREMIER
Le principe d'une nécessaire détermination du prix

40. **Annonce** - À rebours de la position adoptée par l'Assemblée plénière de la Cour de cassation dans ses célèbres arrêts de 1995, la détermination du prix est désormais légalement exigée en droit commun lors de la formation des contrats à titre onéreux (Section I), mais également pour certains contrats spéciaux (Section II).

Section I. L'exigence de détermination du prix en droit commun

41. **Annonce** - À l'issue de la réforme de 2016, les dispositions relatives à la détermination du prix[101] n'ont pas été remarquées pour leur clarté, notamment quant à leur champ d'application[102]. L'article 1163 du Code civil s'est ainsi retrouvé au cœur d'une divergence doctrinale (Paragraphe I), en énonçant que « *l'obligation a pour objet une prestation (...) déterminée ou déterminable* ». À la simple lecture du texte, se pose la question de savoir si le prix doit être considéré comme une prestation quelconque, devant à ce titre être déterminée ou déterminable. Aussi, il convient de se demander, si tel est le cas, quelles en seraient les conséquences (Paragraphe II).

Paragraphe I. Une application controversée de l'article 1163 au prix

42. **Annonce** - À la question de savoir si le champ d'application de l'article 1163 du Code civil recouvre la notion de prix, la position de la doctrine oscille, dans le silence relatif du texte, entre rejet (A), et approbation (B). Cette seconde interprétation révèlera toute sa pertinence, non seulement au regard d'arguments purement textuels, mais également, et de façon plus pragmatique, en réponse aux impératifs d'ordre structurel et aux exigences de justice contractuelle.

---

[101] Particulièrement les articles 1163 et 1165 du Code civil.

[102] GRIMALDI (C.), « La fixation du prix », *RDC n°03*, Lextenso, p.558, 2017.

A. La thèse rejetant l'assimilation du prix à la prestation

43. **Introduction de la thèse rejetant l'assimilation du prix à la prestation** - Certains auteurs estiment qu'une « prestation » ne désigne pas, *expressis verbis*, un prix. Cette thèse, faisant du contrat un modèle hautement libéral, impliquerait non seulement une exclusion du prix du champ d'application de l'article 1163, mais également, par voie de conséquence, et à l'instar des principes issus du droit européen[103], l'éviction du principe de détermination initiale du prix parmi les conditions de validité du contrat. À la faveur de cette position, plusieurs arguments peuvent être avancés ... et réfutés !

44. **Un Argument fondé sur l'esprit du texte** - Selon le Professeur Grimaldi, si « *la lettre du texte* »[104] ne semble expressément s'opposer à une telle assimilation, il est néanmoins permis d'émettre des réserves sur la conformité à son esprit. À ses yeux, si le législateur avait véritablement envisagé de pouvoir considérer le prix comme une prestation au sens de l'article 1163, il aurait très probablement fait mention explicite de cette intention lors de la codification, « *lui qui s'est montré si soucieux de l'accessibilité et de l'intelligibilité des nouveaux textes* »[105]. Mais à cet argument logique peut directement être avancé le constat d'une impossible prétention à la perfection législative. Ainsi éternelles sont les incertitudes liées aux interprétations de dispositions légales ambiguës. La réforme n'y a classiquement pas échappé. Peuvent en témoigner les nouvelles incertitudes doctrinales sur l'avenir de la révision judiciaire des honoraires[106].

45. **Un argument tiré d'une lecture du rapport accompagnant l'ordonnance** - C'est par une lecture rigoureuse du rapport au président de la République relatif à l'ordonnance du 10 février 2016 que l'article 1163 pourrait également, selon certains auteurs[107], ne pas concerner le prix. Ce rapport indique que ce sont les « *dispositions suivantes* », soit les articles 1164 et 1165 du Code civil, qui « *s'intéressent plus*

[103] V. en ce sens, *op. cit.* n°7.
[104] GRIMALDI (C.), op. cit. n°102.
[105] *Ibid.*
[106] Cf. Chapitre premier, seconde partie.
[107] GRIMALDI (C.), *op. cit.* n° 102.

particulièrement au prix »[108]. Cette affirmation doit-elle pour autant nécessairement exclure le prix des autres dispositions législatives ? Il semblerait qu'une réponse négative s'impose une nouvelle fois, au regard de l'inclusion du prix dans bien d'autres articles du code[109] . Ce même rapport indique que l'article 1163 a été codifié « *conformément au droit positif* ». Or, l'on se souvient[110], qu'avant la réforme, la jurisprudence rendue par l'Assemblée plénière en 1995 estimait que l'ancien article 1129 du Code civil était inapplicable au prix. Cet argument induit toutefois une double interrogation. Premièrement, sur les motifs pour lesquels le législateur n'aurait pas clairement saisi l'opportunité d'entériner cette jurisprudence à l'occasion de la réforme, à l'instar de la consécration légale de l'arrêt Baldus relatif à l'obligation du vendeur de s'informer sur la valeur de sa propre prestation[111]. Est-ce par simple oubli[112] ? Est-ce une omission délibérée en vue d'exclure le prix du champ d'application du texte ? Ou bien doit-on, au contraire, déduire de ce silence une inclusion évidente du prix ?[113] Deuxièmement, et d'une manière plus générale, sur la valeur juridique de ce rapport accompagnant l'ordonnance. En doctrine, certains auteurs lui accorderaient la valeur d'une « *directive à la faible force normative* »[114], d'autres, le qualifieraient encore de *« travaux préparatoires* »[115]. Peut-il en tout état de cause prétendre constituer un fondement certain de l'interprétation d'une norme ? Aux yeux du Professeur Puig, « *il est permis d'en douter à la lumière des nombreux commentaires publiés sur la réforme qui mettent l'accent sur les insuffisances, les silences, les approximations, les contradictions avec le texte de l'ordonnance et*

---

108 Rapport au Président de la République relatif à l'ordonnance n° 2016-131 du 10 février 2016 portant réforme du droit des contrats, du régime général et de la preuve des obligations. Sous-section 3 : Le contenu du contrat.

109 V. par exemple les articles 1166 qui évoque le « *montant de la contrepartie* », 1167 « *lorsque le prix ou tout autre élément du contrat* », 1171 « *L'appréciation du déséquilibre significatif ne porte ni sur l'objet principal du contrat ni sur l'adéquation du prix à la prestation* ».

110 Cf. Chapitre préliminaire.

111 BORGHETTI (J-S.), *op. cit.* n°24.

112 Cf. Réflexions du premier argument.

113 Cf. Thèse du pour.

114 MEKKI (M.), « L'ordonnance n° 2016-131 du 10 février 2016 portant réforme du droit des contrats, du régime général et de la preuve des obligations », *Recueil Dalloz*, 2016, p. 494.

115 BORGHETTI (J-S.), *op. cit.* n°24 : « Il peut sans doute être rattaché à la catégorie des travaux préparatoires ».

parfois même les erreurs logées dans le rapport »[116]. En jurisprudence, le Conseil d'État considère, dans cette même dynamique, « *que le rapport présenté au Président de la République en vue de l'examen d'une ordonnance (...) ne saurait être regardé, quels qu'en soient les termes, comme une décision susceptible d'être déférée au juge de l'excès de pouvoir* »[117]. En vertu de la faible valeur juridique accordée à ce rapport, tant par la doctrine que par la jurisprudence, un tel argument semble encore une fois peu opérant. Un certain crédit paraît ainsi devoir être accordé à la thèse de l'assimilation du prix à la prestation.

B. La thèse en faveur de l'assimilation du prix à la prestation

46. **Présentation** - Soutenue en doctrine par nombre d'auteurs[118], la thèse selon laquelle la prestation mentionnée à l'article 1163 inclut le paiement d'un prix, imposerait au titre des conditions *ad validitatem* du contrat, une exigence générale de détermination du prix *ab initio*. En se fondant sur un double argumentaire, cette perspective est celle à laquelle la présente étude entend se rallier.

47. **Un argument logique** - Le premier argument pouvant être avancé en faveur d'une telle admission repose sur une réflexion de pure logique. *Ubi lex non distinguit, non debemus distinguere*, dit l'adage. En l'absence de toute distinction entre les obligations monétaires, d'une part, et non monétaires, d'autre part, il convient vraisemblablement de considérer l'article 1163 du Code civil comme indistinctement applicable au prix[119].

---

[116] PUIG (P.), « L'autorité des rapports relatifs aux ordonnances », *RTD civ.*, Dalloz, 2017, p.84.
[117] CE, sect., 19 oct. 2005, n° 283471, *Recueil Lebon*, Dalloz, 2005.
[118] PORCHY-SIMON (S.), *Droit des obligations*, Dalloz, 2024, pp.138-140. BORGHETTI (J-S.), *op.cit n°24*. Également en ce sens, LATINA (M.), CHANTEPIE (G.), *Le nouveau droit des obligations*, Dalloz, 3e éd., 2024, pp. 411 et s. Ou encore, TERRE (F.), SIMLER (Ph.), LEQUETTE (Y.), *Droit civil, les obligations*, Dalloz, 13e édition, 2022, pp.412 et s.
[119] LATINA (M.), CHANTEPIE (G.), *op.cit.* n°118. p.411 et s. Également en ce sens, TERRE (F.), SIMLER (Ph.), LEQUETTE (Y.), *op. cit.* n°118 p. 424 : « *on ne saurait distinguer là où la loi ne distingue pas* ».

48. **Argument de « politique » juridique** - Dépassant la réflexion de pure logique, le second argument plaidant en faveur de l'inclusion du prix dans le champ d'application de l'article 1163 répond également à des besoins plus « politiques »[120], directement liés au principe de justice contractuelle. L'octroi d'un pouvoir discrétionnaire et unilatéral à l'une des parties sur un élément aussi essentiel que le prix du contrat pourrait compromettre la défense des intérêts de son cocontractant « *dont la bilatéralité est le garant* »[121]. L'exigence d'un prix à tout le moins déterminable, sinon déterminé, révèlerait non seulement le souhait d'une protection directe accordée à la partie faible contre les éventuels abus de la partie forte – « *l'ordonnance ne s'est pas départie de la méfiance traditionnelle du droit français à l'encontre de l'unilatéralisme au stade de la conclusion du contrat* »[122] – mais traduirait encore, en creux, le désir d'une justice contractuelle renforcée dans son principe[123].

49. **Des craintes persistantes** - Bien que cette approche soit celle défendue par la présente étude au regard des arguments précédemment développés, elle n'est pas sans induire quelques incertitudes. C'est pourquoi une précision législative pourrait être souhaitée. Si le rapprochement de l'article 1163 avec l'ancien article 1129 du Code civil a pu être effectué par la doctrine[124], n'est-il pas à craindre qu'une même utilisation dévoyée et extensive puisse être regrettée avec l'application de l'article 1163 au prix, alors qu'il ne le vise pas explicitement ? Il semble qu'une réponse négative doive être apportée : les risques liés à une protection accrue de la partie faible demeurent *a priori* moins préoccupants qu'un pouvoir abusif accordé à la partie en position de force. En tout état de cause, si l'on devait faire une proposition d'amélioration du texte, il conviendrait de prévoir directement, au sein d'un alinéa consacré, le traitement particulier de

[120] THIOYE (M.), *op. cit.* n°1, p.56.

[121] GHESTIN (J.), LOISEAU (G.), SERINET (Y.-M.), *La formation du contrat*, Lextenso, 4e. éd, Tome II, 2013, pp. 95-96.

[122] BORGHETTI (J-S.), *op. cit.* n°24.

[123] GHESTIN (J.), LOISEAU (G.), SERINET (Y.-M.), *op. cit.* n°121. Également en ce sens, FRISON-ROCHE (MA), *op. cit.* n°4 : « *à travers un discours objectif de détermination de l'objet du contrat, c'est la partie faible que la jurisprudence veut ainsi protéger* ».

[124] GRIMALDI (C.), *op. cit* n°102 : « *Comme le prévoyait naguère et un peu autrement l'ancien article 1129* »

l'obligation monétaire, en dehors des contrats-cadres et des contrats de prestations de services prévus par les articles 1164 et 1165 du Code civil. Une telle approche emporterait alors plusieurs conséquences.

Paragraphe II. Les conséquences de l'application de l'article 1163 au prix :

50. **Annonce** - L'application de l'article 1163 du Code civil à l'obligation monétaire emporte l'exigence d'une détermination du prix dès la formation du contrat. Cette exigence étant satisfaite lorsque le prix est déterminé ou déterminable, des réflexions sur les modalités de cette détermination sont alors bienvenues (A). Devenu un élément de validité du contrat, la détermination *ab initio* du prix répond à des nécessités d'ordre structurel (B).

A. Réflexions sur les modalités de détermination initiale du prix

51. **Les premières approches définitionnelles du prix déterminé** - Dépassant *« sa simple existence »*[125], le prix déterminé semble, assez instinctivement, être celui qui serait « *arithmétiquement chiffré par les parties lors de la formation du contrat* »[126]. En revanche, celui-ci n'est pas nécessairement tenu d'être arithmétiquement équilibré entre les parties : un prix lésionnaire n'entraînant pas, sauf exception, la nullité du contrat[127]. Seul le prix représentant une contrepartie illusoire ou dérisoire entraîne l'anéantissement du contrat[128].

52. **Les premières approches définitionnelles du prix déterminable** - En son troisième alinéa, l'article 1163 du Code civil énonce expressément quelques précisions sur le caractère déterminable du prix. À la lumière de cette disposition : « *la prestation est déterminable lorsqu'elle peut être déduite du contrat ou par référence aux usages ou aux relations antérieures des parties, sans qu'un nouvel accord des parties soit nécessaire* ». À première vue, la déterminabilité

[125] THIOYE (M.), *op. cit.* n°1.
[126] MAZEAUD (D.), BOFFA (R.), BLANC (N.), *Dictionnaire du contrat*, Les dictionnaires LJDJ, 2019.
[127] Article 1168 du Code civil.
[128] Article 1169 du Code civil. Voir également le Chapitre second, seconde partie, de la présente étude.

suppose donc que la fixation du prix ne dépende pas d'un accord ultérieur des parties. Ce faisant, tout en consacrant les critères antérieurement retenus par la jurisprudence[129], le texte issu de la réforme suscite quelques réflexions.

53. **Réflexions sur la détermination du prix par référence à un indice** - Une réflexion sur la possibilité d'établir le prix par référence à un indice doit rapidement être évacuée en raison de sa consécration législative. L'article 1167 du Code civil envisage spécialement cette hypothèse. Faisant toutefois l'objet d'un développement spécifique en deuxième partie, cette possibilité ne sera davantage étayée à ce stade[130].

54. **Réflexions sur la détermination du prix par un tiers** - Une deuxième réflexion peut être portée sur la question de savoir si les parties sont exclusivement habilitées à fixer le prix, ou bien si l'intervention d'un tiers peut être sollicitée à cet effet. En l'absence de réponse explicite du législateur, c'est par le biais d'une interprétation des critères établis à l'article 1163, mais également par une lecture extensive du texte spécial relatif à la vente[131], que la seconde option semble être envisageable, voire souhaitable. À la lecture de l'article 1163 du Code civil, la condition relative à la déterminabilité du prix semble satisfaite si le mode de calcul retenu est indépendant d'un accord ultérieur des parties. La désignation d'un tiers estimateur semble alors parfaitement pouvoir s'inscrire dans cette configuration. De surcroît, cette interprétation semble confortée par le droit spécial de la vente qui accepte un tel recours par le jeu de l'article 1592 du Code civil[132]. Cette possibilité serait souhaitable, dans le dessein d'une protection accrue de la partie faible au contrat : une telle méthode permettrait de fixer le prix de manière objective, sans prendre le risque qu'il soit, *de facto,* imposé par l'un des contractants en position de force. Cependant, cette conjecture n'étant qu'interprétative, il serait

---

[129] V. en ce sens Cass. Com., 10 mars 1987, n°85-14.121. V. également en ce sens Cass. Com. 14 déc. 1999, n° 97-15.654 à propos du prix d'une cession de parts sociales.

[130] Pour un développement plus complet V. le chapitre second, seconde partie.

[131] Article 1592 du Code civil confirmé par l'avant-projet de réforme (développé plus amplement dans la section II du présent chapitre).

[132] Cf. Section II du présent chapitre pour un développement plus approfondi sur le recours au tiers estimateur dans la vente.

souhaitable que la jurisprudence se prononce sur la question. En outre, sortant du cadre spécifique de la vente, il serait opportun que le législateur puisse, à l'avenir, définir un cadre précis de mise en œuvre de ce recours au tiers.

55. **Réflexion sur la clause permettant la fixation unilatérale du prix** - Plus délicate est enfin la question de savoir si l'article 1163 autorise la stipulation d'une clause permettant la fixation ultérieure du prix par l'une des parties. Par une stricte lecture du texte, une réponse affirmative semble *a priori* envisageable : aucun nouvel accord ne serait expressément requis afin de déterminer ultérieurement le prix. Pour certains auteurs[133], une telle interprétation serait opportune en ce qu'elle serait davantage en accord avec le principe de liberté contractuelle, particulièrement loué par la réforme[134]. Cette position n'est cependant pas celle qui sera défendue dans le cadre de cette étude. En effet, une telle clause rendrait l'admission de la fixation unilatérale du prix des articles 1164 et 1165 peu opérante. Pire, elle aurait pour effet de restreindre *de facto* la liberté accordée à ce type de contrats pour lesquels est imposée une obligation particulière de motivation, nullement prévue par l'article 1163[135]. Par une certaine réticence à l'égard d'une généralisation de l'unilatéralisme au stade de la formation du contrat, la présente étude entend ainsi défendre, à l'instar d'une partie de la doctrine[136], l'exclusion des clauses autorisant la fixation unilatérale du prix par l'une des parties.

B. Réflexions sur l'exigence structurelle de la détermination initiale du prix

56. **Propos introductifs** - En exigeant que le prix soit initialement déterminé ou déterminable, le législateur fait de la fixation du prix une condition *ad validitatem* du contrat. C'est en dépassant les arguments de pure logique, ou de « politique juridique »

---

[133] BORGHETTI (J-S.), *op. cit.* n°24.
[134] Article 1102 du Code civil.
[135] CHÉNÉDÉ (F.), *Droit des obligations et des contrats*, Dalloz référence, 3e éd., 2023/2024, pp.78 et s. BORGHETTI (J-S.), *op. cit.* n°24. LATINA (M.), CHANTEPIE (G.), *op. cit.* n°118, p.414.
[136] TERRE (F.), SIMLER (Ph.), LEQUETTE (Y.), *op. cit.* n°118, p. 425. LATINA (M.), CHANTEPIE (G.), *op. cit.* n°118, p.414.

déjà abordés[137], qu'il convient désormais d'enrichir la réflexion en examinant comment, à travers cette exigence, le législateur fait de la prédétermination du prix une réponse à des impératifs d'ordre structurel dans la formation du contrat. Faisant « *revivre l'une des facettes de l'ancienne notion d'objet* »[138], l'article 1163 fait du défaut de fixation du prix lors de la formation du contrat une cause de nullité de celui-ci[139]. Sans approfondir à ce stade les réflexions sur la nature de la nullité[140], il est opportun d'envisager la raison d'être de cette sanction.

57. **Une nécessité d'ordre structurel** - Nous le disions, par l'exigence d'un prix déterminé ou déterminable *ab initio*, le législateur semble répondre à une nécessité d'ordre structurel. Comment un débiteur pourrait-il légitimement s'engager dans une relation contractuelle en acceptant le versement d'un prix dont il ignore pourtant l'étendue ? Si le créancier doit évidemment pouvoir être en mesure de revendiquer ses droits, le débiteur doit, quant à lui, précisément connaître le contenu de son engagement, de ce qu'il doit[141]. Cette logique embrasse une conception volontariste du contrat, car, usuellement, « *la convention représente une tentative pour intégrer d'avance des faits dans un acte de prévision* »[142]. Si une telle exigence se déduit de l'utilité sociale du contrat[143], elle se trouve également renforcée par un souci de sécurité juridique : un contrat dépourvu de ses termes essentiels « *ne serait plus qu'une apparence, dépourvue de toute force obligatoire* »[144]. Plus encore, selon certains auteurs, la nullité du contrat s'expliquerait

---

[137] Cf. « B. La thèse en faveur de l'assimilation du prix à la prestation », du présent chapitre.
[138] LATINA (M.), CHANTEPIE (G.), *op. cit.* n°118, p.410.
[139] En ce sens, Cass. Com. 24 mai 2016 n°14-25.921, ou encore Cass. Civ. 3e, 4 mai 1983 n°79-16.575.
[140] Spécialement développées en deuxième partie de la présente étude.
[141] THIOYE (M.), *op. cit.* n°1, p.54.
[142] Citant HAURIOU - THIOYE (M.), *op. cit.* n°1. Également en ce sens, GHESTIN (J.), LOISEAU (G.), SERINET (Y.-M.), *op. cit.* n°121, p. 95: « *le contrat, qui exigerait un nouvel accord des parties pour déterminer le prix, ne remplirait pas sa fonction sociale d'instrument indispensable des prévisions individuelles* ».
[143] GHESTIN (J.), LOISEAU (G.), SERINET (Y.-M.), *op. cit.* n°121, p.95.
[144] *Ibid.*

par le fait qu'une incertitude sur le prix laisserait sous-entendre une incertitude sur le consentement[145].

58. **Réflexions sur la double conséquence d'une telle exigence** - De cette exigence structurelle découle enfin une double conséquence. Elle exprime, tout d'abord, une sacralisation de la volonté commune des parties, impliquant, en creux, une condamnation de l'unilatéralisme en tant que principe. Aussi, en conditionnant l'existence même du contrat, cette exigence requiert un contrôle judiciaire dès sa formation. Mais cette exigence structurelle, désormais ancrée en droit commun par le sceau de la loi, se retrouve également en droit spécial des contrats. « *La fonction du droit spécial est d'ajouter au droit commun des règles propres à un type de contrat, c'est-à-dire de compléter le régime de certains contrats par des règles qui n'ont d'utilité que pour ces derniers* »[146]. Effectivement, à la lumière de l'article 1105 du Code civil, « *les règles générales s'appliquent sous réserve de ces règles particulières* ». Cette articulation a fait l'objet d'une actualité très récente : par un arrêt rendu le 20 septembre 2023, la chambre commerciale de la Cour de cassation s'est appuyée sur l'adage *specialia generalibus derogant* pour faire échapper le contrat conclu avec une société d'expertise comptable à la fixation unilatérale du prix prévue par l'article 1165 du Code civil. C'est ainsi qu'après avoir abordé le principe de détermination du prix en droit commun, il convient désormais de compléter cette approche en dirigeant la réflexion du côté du droit spécial.

Section II. La détermination du prix en droit spécial de la vente à la lumière de l'avant-projet de réforme du droit des contrats spéciaux

59. **Propos introductifs** - Le principe de prédétermination du prix, désormais consacré par le législateur en droit commun des contrats[147], se retrouve également en droit spécial. La vente en est l'exemple classique : présentant des conditions de validité de droit commun tels

[145] Reprenant les propos du Professeur GRENIER, THIOYE (M.), *op. cit. n°1*, p.55 : « *L'incertitude sur le prix ferait naître une incertitude sur le consentement même* ».
[146] CHANTEPIE (G.), « Avant-projet de réforme des contrats spéciaux : sources et inspirations », Le droit en débats, *Dalloz Actualité*, 2022.
[147] Cf. Section I, Chapitre premier, première partie.

que la capacité ou encore le consentement[148], le contrat de vente doit également porter sur une chose déterminée dont la propriété sera transférée[149]. Enfin, pour que la vente soit valablement formée, le prix doit être déterminé et désigné par les parties[150]. Force est d'admettre que le principe de fixation du prix n'irrigue pas uniquement le droit spécial de la vente. Sans prétendre à l'exhaustivité, l'on peut aisément retrouver ce principe dans le contrat de bail d'habitation[151], le contrat de promotion immobilière[152], le contrat d'assurance[153], ou encore les contrats conclus entre un professionnel du droit et son client[154]. C'est toutefois pour trois principales raisons que cette étude offre l'occasion de mener une réflexion spécifiquement centrée sur le contrat de vente.

60. **Les raisons d'une réflexion centrée sur la vente** - Traditionnellement reconnu par la doctrine comme « *l'archétype* » des contrats translatifs de propriété[155], la raison tient probablement au fait que le contrat de vente est « *le plus usuel des contrats* »[156]. Son omniprésence dans la vie des affaires en fait alors un sujet de réflexion d'une pertinence tant pratique que théorique. En outre, si Pothier considérait déjà en son temps que le prix est « *l'essence du contrat de vente* »[157], il en constitue encore aujourd'hui un élément déterminant[158], tant pour sa qualification, qu'au titre de ses conditions de validité. Enfin, il s'agit d'un contrat pour lequel le principe de détermination du prix revêt une importance telle qu'il fut

---

148 La vente étant un contrat, les exigences du droit commun de l'article 1128 du Code civil s'imposent.
149 Article 1583 du Code civil.
150 Article 1591 du Code civil.
151 L. n° 89-462, 6 juill. 1989, art. 3, 6°.
152 C. civ., art. 1831-1.
153 C. assur., art. L. 112-4.
154 Pour l'avocat, V. spéc. L. n° 71-1130, 31 déc. 1971, art. 10.
155 CHAUVIRÉ (P.) « Le transfert de propriété dans la vente dans l'avant-projet de réforme du droit des contrats spéciaux », *RDC n°03*, Lextenso, 2020, p. 158. Aussi en ce sens, LATINA (M.), « Avant-projet de réforme du droit des contrats spéciaux : le transfert de propriété dans la vente », *Dalloz Actualité*, 2022.
156 MALAURIE (P.), AYNÈS (L.), GAUTIER (PY.), *Droit des contrats spéciaux*, 8e éd., LGDJ, 2016. p. 37.
157 POTHIER (RJ.), *Traité du contrat de vente selon les règles tant du for de la conscience que du for extérieur*, Tome I, Debure, 1762, p.18 : « *le prix qui est l'essence du contrat de vente* ».
158 En ce sens, HUCHET (M.), *Les indispensables du droit des contrats spéciaux*, Paris, Ellipses, 2016, pp. 25-30.

historiquement affirmé. En droit romain déjà, le prix devait être certain et déterminé par les parties au moment de la conclusion du contrat[159]. Au-delà de l'érudition, la mise en lumière de cette perspective historique s'avère impérative pour saisir les fondements actuels du droit des contrats, marqués de manière manifeste par l'influence romano-germanique, et pour anticiper les bases sur lesquelles il pourrait éventuellement reposer à l'avenir, notamment au travers de l'avant-projet de réforme du droit des contrats spéciaux, au cœur duquel se trouve, bien évidemment, le contrat de vente.

61. **La genèse de l'avant-projet de réforme** - À la lumière des considérables apports de l'ordonnance du 10 février 2016 sur la question du prix, il demeure légitime de s'interroger sur l'opportunité d'une réforme du droit des contrats spéciaux. Si le droit commun des contrats a été modernisé par l'ordonnance du 10 février 2016[160], les dispositions relatives à certains contrats spéciaux datent pour beaucoup de 1804, et ne correspondent plus aux besoins de la vie économique et sociale du XXIe siècle. Ont parfois été jugées « archaïques » de nombreuses dispositions afférentes au droit des contrats spéciaux[161]. Le Professeur Chantepie relève en ce sens, qu'à l'évidence, « *les textes relatifs aux contrats spéciaux ne reflètent qu'imparfaitement le droit positif* »[162]. Pourtant, ces contrats demeurent quotidiennement usités, que ce soit dans la pratique des affaires ou bien, plus généralement encore, pour des besoins d'ordre privé. Une impérieuse nécessité de modernisation s'est ainsi fait ressentir, visant à aligner ces dispositions aux diverses évolutions jurisprudentielles. La commission présidée par le Professeur Stoffel-Munck a ainsi cherché à proposer une réforme pragmatique, tout en aspirant à une forme de « sagesse »[163].

62. **L'ambition de la réforme sur la notion de prix dans le contrat de vente** - L'avant-projet de réforme Stoffel-Munck

---

[159] MACQUERON (J.), *Histoire du droit des obligations, le droit romain*, 1971, p. 99.
[160] Ordonnance n° 2016-131 du 10 février 2016 portant réforme du droit des contrats, du régime général et de la preuve des obligations.
[161] MALAURIE (P.), AYNÈS (L.), GAUTIER (PY.), *op. cit.* n°156. Ou encore, BÉNABENT (A.), « Les difficultés de la recodification : les contrats spéciaux », *Livre du bicentenaire du code civil*, Paris, Dalloz, 2004, p.251.
[162] CHANTEPIE (G.), *op. cit.* n°146.
[163] STOFFEL-MUNCK (P.), Avant-projet de réforme du droit des contrats spéciaux.

consacre à la question du prix de vente six articles[164], insérés au sein du chapitre relatif aux dispositions communes à toutes les ventes et, plus précisément, dans la section attachée à son contenu. La commission semble avoir eu pour ambition, d'une part, de détailler les règles relatives au prix, et de codifier, d'autre part, une jurisprudence qui avait pris le soin d'en préciser le régime.

63. **Annonce** - Dans la présentation de l'avant-projet de réforme, le Professeur Stoffel-Munck a précisé que « *le droit de la vente continuera de nourrir le droit commun des contrats* »[165]. Envisager le principe de détermination du prix dans le contrat de vente à la lumière de l'avant-projet de réforme permet, non seulement, de mettre en évidence ce dualisme, notamment par la réaffirmation des grands principes gouvernant le droit des contrats (Paragraphe I), mais encore, d'appréhender les nuances apportées par le droit spécial (Paragraphe II).

Paragraphe I. Une solide réaffirmation des principes gouvernant le droit des contrats

64. **Annonce** - L'étude de la détermination du prix dans le contrat de vente offre l'opportunité d'examiner comment les grands principes directeurs du droit commun des contrats sont rappelés à travers ce droit spécial, notamment les principes en faveur de l'autonomie de la volonté des parties (A), mais également le principe de protection de la partie « faible » au contrat (B).

A. La prééminence de l'autonomie de la volonté des parties rappelée

65. **Annonce** - Le principe d'autonomie de la volonté est rappelé dès le premier article de l'avant-projet de réforme traitant du prix dans la vente. Précisément, l'article 1603 dispose que « le *prix de la vente est librement convenu entre les parties, à moins que la loi n'en dispose autrement. Le juge ne peut se substituer aux parties pour définir lui-même le prix ou leur imposer une méthode de détermination autre que*

164 Articles 1603 à 1608 de l'avant-projet de réforme Stoffel-Munck.
165 STOFFEL-MUNCK (P.), *Op. cit.* n°63.

celle qu'elles auraient prévue au contrat » À première lecture, si le principe de liberté contractuelle semble directement rappelé (1), celui de la force obligatoire du contrat, également consacré par le droit commun, semble quant à lui être indirectement rappelé (2).

1. Le principe de liberté contractuelle directement rappelé

66. **Démonstration** - En énonçant le principe de la libre fixation du prix par les parties, la commission semble directement rappeler le principe de liberté contractuelle figurant au sein des dispositions liminaires du droit commun des contrats[166]. Toutefois, des nuances à cette libre détermination du prix par les parties doivent être apportées. Afin de relativiser le propos, il convient de poursuivre la lecture de l'article 1603 : susceptible d'être limitée par la loi elle-même, qui pourrait « *en disposer autrement* », une telle liberté ne saurait, évidemment, être absolue. En ce sens, l'article 1606 de l'avant-projet interdit aux parties de fixer un prix qui serait vil ou symbolique, prohibition qui sera ultérieurement développée.

67. **Atténuation** - En outre, à l'instar de l'article 1592 du Code civil, l'article 1605 de l'avant-projet prévoit que le prix peut être laissé à l'estimation d'un tiers. Si la mission du tiers ne se limite pas à la simple estimation du prix de vente - nous y reviendrons - cette possibilité semble, de surcroît, apporter une double nuance au principe d'une libre détermination du prix par les parties : le tiers pouvant, en certaines circonstances, être directement nommé par le juge, et le prix fixé par celui-ci ne pouvant être contesté qu'en cas d'erreur grossière. La conjonction des alinéas deux et trois de l'article 1605 apporte des éclaircissements mais laisse également présager quelques interrogations. Le deuxième alinéa indique que : « *si le tiers n'est pas désigné par la convention, à défaut d'accord sur sa désignation après mise en demeure, le juge le nomme. (...)* ». Ayant une connotation impérative, l'emploi d'un présent d'habitude (« *le juge le nomme* ») laisse non seulement entendre qu'il s'agit d'une obligation, et non d'une simple option laissée au juge, mais pourrait, de surcroît, marquer une limite indirecte à la liberté contractuelle des parties. Cela

[166] Précisément à l'article 1102 du Code civil.

est d'autant plus intéressant que la jurisprudence décidait jusqu'alors que le tiers ne pouvait être choisi par le juge que si le contrat l'avait expressément prévu[167]. Le troisième alinéa vise quant à lui l'hypothèse de l'erreur grossière du tiers dans l'estimation du prix et met en place, en faveur de la partie victime, une alternative. Elle pourra soit « *faire prononcer la nullité de la vente* », soit « *accepter la nomination d'un nouveau tiers* ». L'erreur grossière a pu être définie par la doctrine[168] comme une erreur mathématique, ou encore une erreur dans la technique même d'évaluation du prix. Celle-ci est à différencier du dépassement de pouvoir, lequel constitue un cas où le tiers estimateur ne respecte pas les directives sur la méthode d'évaluation du prix que les parties lui ont prescrites. Si l'actuel article 1592 du Code civil semble muet quant à la contestation du prix fixé par l'estimateur au terme de sa mission, il est admis de jurisprudence ancienne et constante, que l'erreur grossière est une condition de la remise en cause de la détermination du prix fixé par l'expert[169]. À la lecture de ces deux alinéas, une interrogation prend naissance[170]. Si la partie lésée doit accepter « *la nomination d'un nouveau tiers* » en cas d'erreur grossière, n'est-ce pas dire qu'elle doit, en quelque sorte, ratifier la nomination faite par le juge ? Pourtant, le deuxième alinéa énonce explicitement que le juge « *nomme* » le tiers médiateur s'il n'est pas directement nommé par les parties.

2. Le principe de force obligatoire des contrats indirectement rappelé

68. **Le principe de non-immixtion du juge dans la fixation du prix** - En son deuxième alinéa, l'article 1603 de l'avant-projet dispose que : « *Le juge ne peut se substituer aux parties pour définir lui-même le prix ou leur imposer une méthode de détermination autre que celle qu'elles auraient prévue au contrat* ».

---

[167] Cass. Com., 26 juin 1990, n° 88-14.444.

[168] GOUGEON (A.), « L'intervention du tiers à la formation du contrat », Thèse de Doctorat, Université du Droit et de la Santé, Lille II, 2016.

[169] Cass. Com., 9 avril 1991, n° 89-21611. Com 19 avril 2005 n° 03-11.790 : « *Les contractants font de la décision de celui-ci leur loi et qu'à défaut d'erreur grossière* ».

[170] ZAFFAGNINI (M.), « Avant-projet de réforme du droit des contrats spéciaux : le prix dans la vente », *Dalloz Actualité*, 2022.

Reprenant une jurisprudence constante[171], cette prohibition semble simplement rappeler le principe de la force obligatoire des contrats prévu par l'article 1193 du Code civil[172], selon lequel « *les contrats ne peuvent être modifiés ou révoqués que du consentement mutuel des parties, ou pour les causes que la loi autorise* ».

69. **Nuance sur le principe de non-immixtion du juge** - Cette apparente subsidiarité judiciaire doit cependant être relativisée à la lecture du deuxième alinéa de l'article 1604 de l'avant-projet. Cette disposition infléchit le droit positif en permettant au juge de liquider, c'est-à-dire de fixer lui-même le prix, lorsqu'il peut s'appuyer sur des éléments objectifs auxquels ont renvoyé les parties dans le contrat. La liberté contractuelle, comme la force obligatoire du contrat ne s'en trouvent pas pour autant amoindries : le juge se borne à concrétiser la volonté commune des parties exprimée. Ces principes, au fondement desquels se trouve la théorie de l'autonomie de la volonté, ne sont pourtant pas les seuls approuvés par l'avant-projet. La protection de la partie faible se voit également consacrée, notamment à travers la prohibition des ventes conclues pour un prix vil ou symbolique.

B. La protection de la partie faible indirectement consacrée

70. **Prohibition des ventes à prix vil ou symbolique** - En tant qu'élément essentiel du contrat de vente, il paraît assez légitime que le prix ne puisse représenter une contrepartie ayant été qualifiée « d'illusoire ou dérisoire »[173] par le droit commun, ou encore de « vil ou symbolique », par l'article 1606 de l'avant-projet. Quelques précisions s'imposent néanmoins à ce stade.

71. **Remarques terminologiques** - Sur la forme, la commission semble réutiliser la notion de « prix vil ou symbolique », employée jadis par la jurisprudence[174]. Cependant, ces termes ne semblent plus en

[171] Cass. Civ. 1e, 24 février 1998, n°96-13.414. Ou encore en ce sens Cass. Civ. 1e, 19 janvier 1999 n° 97-10.696.
[172] ZAFFAGNINI (M.) *op. cit.* n° 170.
[173] L'article 1169 du Code civil.
[174] Par exemple en ce sens, Cass. Civ. 1e, 24 mars 1993, n° 90-21.462.

adéquation avec le droit commun qui préfère désormais l'expression de « contrepartie illusoire ou dérisoire »[175].

72. **Remarques substantielles** - Sur le fond, l'article 1606 de l'avant-projet semble confirmer l'exception au principe de la nullité des ventes à prix vil ou symbolique lorsque ces dernières sont accompagnées d'une autre contrepartie sérieuse. Cependant, il appert que cette mesure ne semble pas couvrir diverses hypothèses : concernant la vente à prix symbolique, la jurisprudence[176] a pu considérer que ce dernier n'était pas nécessairement dénué de contrepartie sérieuse, notamment lorsque le contrat mettait à la charge du repreneur une prestation en nature correspondant à la valeur du bien cédé. Dès lors, il apparaît sévère de sanctionner nécessairement le prix symbolique à lui seul, par la nullité. De surcroît, cette sanction ne semble pas non plus recouvrir les cas où un prix vil ou symbolique correspond à la valeur véritable du bien vendu, notamment en cas de cession d'une entreprise en faillite[177]. Ou encore, pour les ventes à prix dit « négatif » dans lesquelles le passif de l'entreprise concernée excède son actif[178]. Enfin, le prix étant l'un des deux éléments essentiels à la formation du contrat de vente, il paraît assez inopportun de maintenir une telle qualification alors que l'un de ses éléments constitutifs confine à l'inexistence[179]. La requalification en donation serait alors, sans doute, plus appropriée. Cette observation soulève également une nuance essentielle à considérer dans l'approche proposée par cette étude concernant la répression du prix vil ou symbolique en tant que mesure de protection de la partie faible. Certaines affaires révèlent effectivement, qu'une partie n'étant pas nécessairement en position de faiblesse, peut tenter de dissimuler une libéralité par la fixation d'un prix vil ou symbolique, bien que la preuve de l'intention libérale doive être spécialement rapportée et ne saurait être déduite de la seule absence de prix[180]. Ainsi, cette justification intègrerait probablement une dimension assez théorique, pour ne pas

---

175 Article 1169 du Code civil.

176 Cass. Civ. 3e, 26 septembre 2007, n°06-16.292, inédit.

177 Cass. Com. 22 févr. 1983, Bull. civ. IV n°72 ou encore Civ 3e, 3 mars 1993, n°91-15.613

178 Cass. Com. 6 janv. 1987, *Rev. Sociétés*, p. 497, note Randoux.

179 En ce sens, ZAFFAGNINI (M.), *op. cit.* n°170.

180 Cass. Civ. 1e, 6 janvier 1969 n°67-10.401. Également en ce sens, Cass. Civ. 1e, 29 mai 1980 n° 79-11.378.

dire idéaliste, du droit des contrats qu'il convient de relativiser à la lumière de la réalité pratique.

Paragraphe II. Une réaffirmation nuancée des règles de droit commun

73. **Chapô introductif** - C'est finalement non sans nuance que l'avant-projet de réforme du droit des contrats spéciaux a réaffirmé, d'une part, certaines règles de droit commun des contrats, relatives à la détermination du prix (A). Dans ce contexte, il semble opportun de suggérer, d'autre part, diverses pistes de réflexions afin de remédier aux potentiels problèmes d'articulation avec les règles de droit commun, susceptibles de générer une insécurité juridique (B).

A. La nécessaire détermination du prix de vente

74. **La réitération élargie du principe** - L'article 1604 de l'avant-projet affirme, à l'instar du droit commun[181], le principe de détermination du prix. Autrement dit, le prix de vente ne devra plus seulement être « *déterminé et désigné par les parties* »[182], mais il devra être *« déterminé ou déterminable par un moyen quelconque arrêté par les parties et ne dépendant ni de la seule volonté de l'une d'entre elles ni d'un accord ultérieur* ». En outre, par cette disposition, la Commission élargit non seulement l'application de l'actuel article 1591, mais entend encore codifier une partie de la jurisprudence relative à la fixation du prix[183]. La réitération de cette règle n'est toutefois pas superflue en matière de vente, compte tenu de l'importance de cette détermination[184]. « *Sine pretio nulla venditio est* »[185] disait déjà Pothier au XVIIIe siècle. La détermination du prix serait donc une exigence inhérente à la notion même de contrat.

---

[181] Article 1163 du Code civil.
[182] Article 1591 du Code civil.
[183] Cass. Civ. 3e, 26 sept. 2007, n°06-14.357; Bull. III, n°159. Cass. Com., 7 avril 2009, n°07-18.907 ; Bull. IV, n°48.
[184] ZAFFAGNINI (M.), *op. cit.*, n°170.
[185] BUGNET (M.), *Oeuvres de Pothier*, Vol III, Paris, 1847, p.9.

75. **Un principe sanctionné par la nullité absolue** - En faisant le choix de sanctionner l'indétermination du prix par la nullité, la Commission en fait, classiquement, un élément essentiel du contrat de vente, qu'il convient, à ce titre, de contrôler dès sa formation. Néanmoins, la consécration d'une nullité absolue paraît assez curieuse. Une telle sanction semble prendre le contrepied non seulement des dernières interprétations jurisprudentielles[186], mais également de la théorie moderne des nullités créée par Japiot et Gaudemet et consacrée par la réforme de 2016 à l'article 1179 du Code civil [187]. En application de cet article, la nullité pour indétermination du prix devrait être relative, puisque c'est l'intérêt privé des contractants qu'il s'agit ici de protéger et non pas l'intérêt général. Ce faisant, la Commission semble toutefois accroître la protection de la partie faible au contrat, l'article 1180 permettant à toute personne justifiant d'un intérêt d'invoquer la nullité absolue du contrat.

76. **Un double problème d'articulation avec le droit commun** - Par une lecture conjointe avec les dispositions de droit commun[188], la formulation de l'article 1604 de l'avant-projet laisse songeur. Premièrement, la méthode de déterminabilité du prix prévue par cet article ne semble pas être le pur « *décalque* »[189]de celle prévue en droit commun. Si l'article 1163 du Code civil énonce en son troisième alinéa, qu'une prestation est déterminable « *lorsqu'elle peut être déduite du contrat ou par référence aux usages ou aux relations antérieures des parties, sans qu'un nouvel accord des parties soit nécessaire* », l'article 1604 de l'avant-projet de réforme énonce quant à lui que le prix, s'il n'est pas déterminé, doit être « *déterminable par un moyen quelconque arrêté par les parties et ne dépendant ni de la seule volonté de l'une d'entre elles, ni d'un accord ultérieur* ». Doit-on alors déduire de l'expression « *moyen quelconque arrêté par les parties* », que la détermination du prix peut être « *déduite du contrat ou par référence aux usages ou aux relations antérieures des parties* », pour se rattacher tant bien que mal au droit commun ? Doit-on sinon en déduire que le souhait explicite de la Commission est de

---

[186] Cass. Civ., 3e, 24 oct. 2012, n° 11-21.980. Également en ce sens, Cass. Com.,22 mars 2016, n° 14-14.218.
[187] ZAFFAGNINI (M.), *op. cit.* n°170.
[188] Particulièrement les articles 1163 et 1164 du Code civil.
[189] ZAFFAGNINI (M.), *op. cit.* n°170.

déroger à la règle générale ? Deuxièmement, en son premier alinéa, l'article 1604 de l'avant-projet laisse sous-entendre que le contrat de vente, conclu en exécution d'un contrat-cadre, serait valable, même en l'absence de détermination du prix. Or, lorsque l'article 1164 du Code civil prévoit que le prix pourra être « *fixé unilatéralement par l'une des parties* » dans un contrat-cadre, il ne vise pas son contrat d'exécution. Le contrat d'exécution du contrat-cadre, s'il prend la forme d'une vente, devrait prévoir un prix déterminé ou déterminable, ce qui semble alors être remis en cause par l'actuelle formulation de l'article 1604. Face à cette double interrogation, il convient désormais de s'interroger sur les différentes suggestions rédactionnelles pouvant être apportées.

C. Les propositions alternatives apportées

77. **La méthode de déterminabilité de l'article 1604** - À l'aune des diverses réflexions précédemment apportées, quelques suggestions permettant une clarification du régime de la détermination du prix en droit spécial de la vente sont envisageables. Premièrement, concernant la méthode de fixation du prix de vente, il serait probablement plus opportun d'indiquer simplement que *« le prix de vente doit être déterminé ou déterminable »*, laissant la possibilité, par le jeu de l'article 1105 du Code civil, de se saisir du droit commun afin d'éclairer le sens du terme déterminable. Deuxièmement, au regard de la *ratio legis* faisant du prix un élément essentiel du contrat de vente, mais également à la lumière des principes de droit commun[190], le contrat de vente conclu en exécution du contrat-cadre devrait toujours comporter un prix déterminé ou déterminable lors de sa conclusion. Afin d'éviter toute confusion, il serait alors judicieux de supprimer l'hypothèse d'une « *vente conclue en exécution d'un contrat-cadre* ».

78. **La substitution de la nullité absolue par la nullité relative** - En outre, il serait, pour deux principales raisons, sans doute plus approprié de sanctionner l'indétermination du prix par une nullité relative du contrat de vente : d'une part, afin d'assurer la continuité d'une jurisprudence ancienne et constante; d'autre part, afin d'éviter

---

[190] Article 1163 du Code civil.

toute propension à réintégrer la conception classique de la nullité fondée sur la gravité du vice, ce qui serait en désaccord avec les principes du droit commun. La faculté accordée au juge par l'article 1604 de l'avant-projet de liquider lui-même le prix lorsque des éléments objectifs du contrat le lui permettent, sans que les parties ne soient contraintes d'avoir recours à un tiers, semble, quant à elle, parfaitement opportune afin de faciliter les échanges et d'augmenter leur célérité.

79. **Le rôle du tiers estimateur -** Il serait enfin bienvenu de définir explicitement, au sein de l'article 1605 de l'avant-projet, le rôle ainsi que la responsabilité du tiers chargé de la détermination du prix. Doit-il être un tiers impartial ? un « simple » mandataire ? ou bien un véritable expert ? Conformément à la jurisprudence en vigueur, il demeure à tout le moins nécessaire « *qu'il ne soit sous la dépendance de l'une des parties* »[191]. En tout état de cause, le tiers ne devrait pas seulement effectuer une estimation du prix de la chose vendue mais bien procéder à sa fixation. Alors que le contrat de vente, comme bien d'autres contrats spéciaux, exige le principe de détermination du prix au titre de leur conditions de validité, d'autres, comme le contrat-cadre ou encore le contrat de prestation de service, en sont exemptés. Par conséquent, il est à présent opportun d'examiner les éventuels recours à l'unilatéralisme dans le cadre de la détermination du prix.

---

[191] Cass. Civ. 1e, 2 déc. 1997 n°95-19.971.

CHAPITRE SECOND
Les possibles recours à l'unilatéralisme

80. **Chapô introductif** - « *En 1804, le contrat était, au moins dans la pureté des principes, un temple de la bilatéralité*[192] ». Aujourd'hui défini à l'article 1101 du Code civil comme un « *accord de volontés entre deux ou plusieurs personnes destiné à créer, modifier, transmettre ou éteindre des obligations* », le contrat demeure fortement empreint de ce bilatéralisme. Néanmoins, le constat qui semble, aujourd'hui, faire l'unanimité en doctrine[193] est celui de « *l'essor des prérogatives unilatérales dans le contrat* »[194]. Cette propension à l'unilatéralisme s'est notamment révélée, au lendemain de la réforme, par la consécration légale de la fixation unilatérale du prix dans les contrats-cadres et les contrats de prestation de service (Section I), consécration dont il convient néanmoins de saisir les nuances (Section II).

Section I. L'unilatéralisme consacré

81. **Annonce** - Consacré en matière de détermination du prix dans un champ d'application défini (Paragraphe I), l'unilatéralisme contribue également au renouvellement de l'office du juge (Paragraphe II).

Paragraphe I. Un champ d'application défini

82. **Annonce** - La fixation unilatérale du prix est désormais un principe légalement consacré par l'article 1164 du Code civil pour les contrats-cadres (A), et par l'article 1165 du même code pour les contrats de prestation de service (B).

---

[192] LATINA (M.), CHANTEPIE (G.), *op. cit.* n°118, p. 423.
[193] PAULIN (L.), « L'unilatéralisme dans le contrat », Mémoire de Master II, IFR Université Toulouse 1 capitole, 2018, p.8. Voir également en ce sens LATINA (M.), CHANTEPIE (G.), *op. cit. n°118*, p. 424, « *la réforme du droit commun des contrats a considérablement augmenté les hypothèses d'unilatéralisme* ».
[194] BARBIER (H.), « La traque judiciaire des abus de prérogatives unilatérales, jusqu'aux plus dissimulés *», RTD civ.*, Dalloz, 2015, p. 123.

A. La fixation unilatérale du prix dans les contrats-cadres

83. **Une consécration légale** - Afin de tenir compte de l'évolution de la pratique et de la jurisprudence développée en 1995, tout en se conformant aux normes adoptées par la plupart des États européens[195], l'article 1164 du Code civil permet de convenir que, dans un contrat-cadre, le prix sera unilatéralement fixé par l'une des parties, à charge pour elle d'en motiver le montant en cas de contestation. L'article 1111 du même code complète le propos en définissant le contrat-cadre comme *« l'accord par lequel les parties conviennent des caractéristiques générales de leurs relations contractuelles futures. Des contrats d'application en précisent les modalités d'exécution »*. La détermination unilatérale du prix est désormais légalement admise, dans un cadre précis. Si la raison d'être de cette restriction sera ultérieurement approfondie[196], c'est avec rigueur qu'il convient de réfléchir à l'étendue du champ d'application de cet article, parfois jugé ambigu par certains auteurs[197].

84. **Précisions sur le champ d'application pratique** - Bien que l'article 1164 vise explicitement le contrat-cadre, c'est selon toute vraisemblance, et par une lecture conjuguée avec l'article 1111 du Code civil, qu'il traite davantage de la détermination unilatérale du prix dans les contrats d'application[198]. Ce sera, en pratique, au moyen d'une clause insérée dans le contrat-cadre qu'il sera convenu d'une fixation ultérieure du prix. Archétypes des contrats-cadres[199], les grands contrats de distribution que sont les contrats d'approvisionnement, de concession ou encore de franchise, pourraient tout naturellement intégrer cette dynamique[200]. Les contrats de maintenance, dans lesquels « *une entreprise est chargée de vérifier, entretenir ou réparer un*

---

[195] Rapport au Président de la République relatif à l'ordonnance n° 2016-131 du 10 février 2016 portant réforme du droit des contrats, du régime général et de la preuve des obligations.
[196] Cf. Section II « L'unilatéralisme modéré ».
[197] GRIMALDI (C.), *op. cit.* n°102.
[198] *Ibid.*
[199] DISSAUX (N.), « Les mystères du contrat cadre », *AJ Contrat*, Dalloz, 2017, p. 104.
[200] TERRE (F.), SIMLER (Ph.), LEQUETTE (Y.), *op. cit. n°118*, p.431.

appareil technique, ou une installation complexe »[201] en exécution de convention d'application, pourraient également accueillir favorablement cette démarche. Plus largement, rien ne semble empêcher l'enrichissement de cette liste au gré de la créativité des rédacteurs d'actes : afin de bénéficier du libéralisme octroyé par l'article 1164, les parties contractantes pourraient très bien être tentées d'insérer dans leurs relations contractuelles des contrats-cadres divers et variés, répondant à des besoins juridiques spécifiques[202]. La reconnaissance légale de la fixation unilatérale du prix ne se limite toutefois pas exclusivement aux seuls contrats-cadres.

B. La fixation unilatérale du prix dans les contrats de prestation de service

85. **Un principe jurisprudentiel consacré** - C'est selon un régime quelque peu distinct, mais toujours dans une logique similaire, que l'article 1165 du Code civil exclut la détermination initiale du prix parmi les conditions de validité des contrats de prestation de service. Cette disposition semble, à première vue, reprendre une solution jurisprudentielle classique[203], selon laquelle l'indétermination du prix, lors de la conclusion d'un contrat portant sur une obligation de faire, n'affecte en rien sa validité.

86. **Un champ d'application encore obscur** - Néanmoins, si le législateur a pris le soin de définir le contrat-cadre[204], le contrat de prestation de service ne dispose quant à lui d'aucune définition légale, entraînant d'emblée quelques interrogations quant à l'étendue de son champ d'application. Si, selon certains auteurs[205], il devrait classiquement viser le contrat d'entreprise, cette assimilation en réduirait considérablement sa portée : le contrat de prestation de service ayant un domaine bien plus vaste que celui du contrat

---

[201] LE TOURNEAU (Ph.), *Contrats du numérique, informatiques et électroniques*, Dalloz Référence, 2022-23, 12e éd.
[202] TERRE (F.), SIMLER (Ph.), LEQUETTE (Y.), *op. cit. n°118*, p.431.
[203] Cass. Com. 9 nov. 1987, n°86-13.984. En ce sens, v. également Chapitre préliminaire.
[204] Article 1111 du Code civil.
[205] LATINA (M.), CHANTEPIE (G.), *op. cit.* n°118, p. 418. V. également en ce sens LARDEUX (G.), « Le contrat de prestation de service dans les nouvelles dispositions du code civil », *Recueil Dalloz*, 2016, p.1659.

d'entreprise[206]. Le rapport explicatif remis au président de la République, présente en ce sens le contrat d'entreprise comme un simple exemple de contrats de prestation de service[207]. En outre, l'avant-projet de réforme du droit des contrats spéciaux permet également d'émettre quelques réserves sur cette assimilation. La proposition faite par l'offre de réforme Henri Capitant, consacrant un titre X au « contrat de prestation de service » n'a, semble-t-il pas été retenue par l'avant-projet Stoffel-Munck qui substitue, conformément à la jurisprudence en vigueur, le « contrat d'entreprise » à l'ancien « louage d'ouvrage ». Ce choix semble révéler, en creux, une absence d'identité entre ces contrats[208]: le domaine du contrat de prestation de service recouvre celui du contrat d'entreprise tout en le dépassant. Étant entendu encore plus largement à l'échelle du droit européen, le champ d'application du contrat de prestation de service ne serait-il pas encore plus vaste que ce qu'il ne laisse présager en droit interne, réduisant *de facto* la restriction posée par le législateur à peau de chagrin ?[209]. En somme, la notion semble, à l'évidence, englober les contrats d'entreprise[210] et de mandat[211], pour lesquels la jurisprudence admet de longue date que le prix puisse ne pas être déterminé par les parties *ab initio*[212]. En revanche, le prix devrait toujours être déterminé lors de la formation du contrat de travail[213], du contrat d'assurance[214] ou encore du contrat de bail[215].

---

[206] MOREIL (S.), « Avant-projet de réforme du droit des contrats spéciaux : le contrat d'entreprise - Présentation générale », *Dalloz Actualité*, 2022.

[207] Rapport au Président de la République relatif à l'ordonnance n° 2016-131 du 10 février 2016.

[208] MOREIL (S.), *op. cit.* n°206.

[209] V. en ce sens, Section II « L'unilatéralisme modéré », B. « Une restriction désuète ? »

[210] Cass. 1e Civ., 28 nov. 2000, n°98-17560.

[211] Bien que largement admise, la règle comporte des exceptions : la loi oblige parfois les parties à fixer le prix, notamment lorsque le mandataire est un professionnel. À titre d'exemple, les articles 2 et 6 de la loi Hoguet du 2 janvier 1970 énoncent une interdiction pour l'agent immobilier de percevoir la commission avant que l'opération principale n'ait été conclue, dans le cadre d'un mandat d'entremise.

[212] LARDEUX (G.), *op. cit.* n°205.

[213] Article L1254-15 du Code du travail.

[214] Article L. 112-2 et L112-4 du Code des assurances.

[215] Article 1709 du Code civil.

87. **Les espoirs de l'avant-projet Stoffel-Munck** - Force est de constater que l'adoption de l'article 1165 ne fut pas accompagnée d'une modification de l'article 1710 du Code civil définissant pourtant le louage d'ouvrage comme un contrat dans lequel le prix a été convenu entre les parties. Bien que cette exigence soit depuis fort longtemps « *devenue lettre morte* »[216] en jurisprudence[217], il demeure regrettable que la réforme de 2016 ait laissé cohabiter deux textes entrant en contradiction. Espérons que le projet de réforme Stoffel-Munck résolve, au moins, cette incohérence par son projet d'article 1755, qui ne semble plus faire référence à l'exigence de fixation du prix.

88. **Les enjeux d'un champ d'application consacré** - En instituant la possibilité d'une fixation unilatérale du prix dans un champ d'application précis, le législateur confère incontestablement à la qualification du contrat un enjeu primordial. Néanmoins, cet enjeu soulève une potentielle difficulté à propos des contrats mixtes prévoyant à la fois un transfert de propriété, mais aussi une prestation de service. En tout état de cause, cette consécration légale de l'unilatéralisme au stade de la formation du contrat n'est toutefois pas synonyme d'éviction du contrôle judiciaire. Au contraire, « *chassez le juge par la porte, il reviendra par la fenêtre* !»[218].

Paragraphe II. La contribution de l'unilatéralisme au renouvellement de l'office du juge

89. **Annonce** - Sans approfondir la nature du contrôle opéré par le juge sur le prix, lequel fait l'objet d'une deuxième partie spécialement dédiée, il convient néanmoins - à ce stade - de remarquer que l'office du juge est profondément impacté par la consécration de l'unilatéralisme au stade de la formation des contrats-cadres et des contrats de prestation de service. Ce principe agit directement en déplaçant le contrôle judiciaire *a posteriori*, au moment de l'exécution du contrat (A). En outre, il marque un abandon nuancé des pouvoirs qui ont pu lui être accordés (B).

---

[216] LARDEUX (G.), *op. cit.* n°205.

[217] Cass., Ass. Plén., 1er déc. 1995, n° 93-13.688, ou encore Cass. Civ. 1e, 20 févr. 1996, n° 94-14.074.

[218] LARDEUX (G.), *L'efficacité du contrat*, Dalloz, 1e éd., 2011, p. 53.

A. L'unilatéralisme vecteur d'un contrôle judiciaire déplacé a posteriori

90. **Le maintien d'un contrôle judiciaire** - « *L'unilatéralisme n'est ni démission de l'État, ni déni de justice, simplement une justice différée, dans laquelle le contrôle n'intervient pas a priori, pour autoriser, mais a posteriori, pour sanctionner les abus de cette liberté nouvelle* »[219], rappelait le Professeur Thibierge au lendemain de la réforme de 2016. L'augmentation des prérogatives unilatérales accordées aux cocontractants au stade de la formation du contrat ne réduit pas pour autant le rôle du juge. Il s'agit plutôt d'un « *déplacement du curseur* »[220] par l'instauration d'un contrôle *a posteriori*, au stade de l'exécution du contrat, et non plus au niveau de sa formation. « *Le juge ne perd pas au change* »[221] remarque le Professeur Mekki.

91. **Un contrôle fondé sur l'abus de droit** - Les diverses mesures de contrôle étant précisément appréhendées en seconde partie[222], il convient simplement, à ce stade de la réflexion, de préciser que l'objet du contrôle judiciaire en matière de fixation unilatérale du prix est principalement fondé sur la théorie de l'abus de droit[223]. Lorsque l'une des parties confie à l'autre le soin de fixer unilatéralement le prix du contrat, c'est semble-t-il dans l'unique dessein de permettre une adaptation du contrat aux circonstances d'espèce, et donc de maintenir, *de facto*, son équilibre. « *Il ne s'agit pas de donner blanc-seing à son partenaire et d'être à sa merci, pieds et poings liés par sa décision* »[224]. Partant, « *celui qui détournerait la clause de fixation unilatérale de sa finalité, pour l'utiliser à des fins égoïstes, commettrait un abus de droit* »[225]. La liberté octroyée par le législateur n'est pas discrétionnaire, elle doit être exercée dans

---

[219] THIBIERGE (L.), « Les effets du contrat », *AJ Contrat*, Dalloz, 2018, p.4.
[220] MEKKI (M.), « Le juge et les remèdes à l'inexécution du contrat », *RDC n°02*, Lextenso, 2016, p. 400.
[221] *Ibid.*
[222] Cf. Seconde partie « Le contrôle du prix ».
[223] BARBIER (H.), *op. cit.* n°194, p. 123. « *L'essor des prérogatives unilatérales dans le contrat n'a pas manqué de provoquer une réaction du juge s'empressant de mobiliser la théorie de l'abus de droit* ».
[224] THIBIERGE (L.), *op. cit.* n°219.
[225] THIBIERGE (L.), *op. cit.* n°219, p.4

les limites de la raison[226]. Le juge exerçant désormais un contrôle *a posteriori,* est-il pour autant dénué de toute possibilité d'immixtion dans le contrat, loi des parties ?

B. Un abandon nuancé de l'élargissement des pouvoirs judiciaires

92. **Annonce** - Si la conception traditionnelle du rôle du juge en droit contractuel français semble, de prime abord, confirmée par les articles 1164 et 1165 du Code civil[227] : ce dernier ne pouvant, *a priori,* s'immiscer dans la sphère contractuelle des parties, pour corriger un prix estimé abusif (1), cette affirmation semble pourtant nuancée, voire remise en cause, par l'avant-projet de réforme du droit des contrats spéciaux (2).

1. L'abandon de l'élargissement des pouvoirs judiciaires

93. **Un contrôle judiciaire classiquement consacré** - La lettre de l'article 1164 du Code civil laisse à penser que le législateur a renoncé à étendre le rôle du juge dans le contrat-cadre[228] : ce dernier ne semble pouvoir réviser le prix fixé abusivement par l'une des parties dans le contrat d'application. Cette solution est classique depuis les célèbres jurisprudences de 1995 : face à un prix abusif, la Haute Cour accordait la possibilité aux juges du fond de résilier le contrat, ou d'indemniser le débiteur mais ils ne pouvaient nullement réviser directement le prix en s'ingérant dans la sphère contractuelle des parties. Si ces sanctions seront plus amplement détaillées dans une partie dédiée[229], examinons-en d'ores et déjà les contours et les enjeux au travers de deux hypothèses.

94. **L'hypothèse d'une défaillance du débiteur** - Premièrement, dans l'éventualité d'une défaillance de la partie habilitée à fixer unilatéralement le prix, son cocontractant pourra-t-il solliciter une fixation judiciaire du prix ? Cela semble peu probable au regard des sanctions dont dispose le juge en cas d'abus dans la détermination du

[226] Cf. « B) Une obligation de motivation en cas de contestation », Section II, Paragraphe 2.
[227] LATINA (M.), CHANTEPIE (G.), *op. cit.* n°118, p. 422.
[228] Pourtant envisagé par le projet d'article 1163 al.2 du Code civil.
[229] Seconde partie « Le contrôle du prix ».

prix.[230] Cependant, il n'est pas exclu que la jurisprudence statue en faveur d'une telle démarche[231]. Par mesure de précaution, il serait donc hautement recommandé aux parties d'anticiper cette éventualité dans le contrat-cadre, afin d'éviter toute perturbation, voire paralysie, dans son exécution[232].

95. **L'hypothèse d'un contrat muet sur les modalités de fixation du prix** - Deuxièmement, une interrogation émerge quant au sort réservé au contrat-cadre muet sur les modalités de fixation ultérieure du prix. Si l'article 1164 permet la souscription d'une clause de fixation unilatérale du prix[233], l'indétermination totale du prix est, en revanche, totalement proscrite. Il semble alors raisonnable d'envisager que la nullité du contrat puisse être judiciairement prononcée sur le fondement de l'article 1163 du Code civil, bien qu'en vertu du même article, une prestation soit considérée comme déterminable lorsqu'elle peut être déduite non seulement du contrat, mais également des usages ou des relations antérieures[234].

96. **Le devenir de la fixation judiciaire du prix dans les contrats de prestation de services** - Tandis que l'article 1164 perpétue une solution classiquement acquise en jurisprudence, l'article 1165 semble, quant à lui, briser la jurisprudence antérieure reconnaissant au juge un pouvoir de fixation du prix au sein du contrat d'entreprise[235]. En outre, le prix étant désormais unilatéralement fixé par le prestataire, il devient exigible dès cet instant. Sauf remise en cause ultérieure par un juge, des dommages et intérêts moratoires sont également encourus[236]. Ces derniers seraient-ils - conformément à la jurisprudence antérieure - une manière indirecte de consacrer la révision judiciaire du prix ? D'un point de vue purement économique, certains auteurs estiment alors que : « *l'allocation de dommages et intérêts en cas d'abus dans la fixation unilatérale du prix d'une prestation de service fonctionnera comme une révision indirecte du prix*"[237]. Pourtant, d'un point de vue

---

[230] LATINA (M.), CHANTEPIE (G.), *op. cit.* n°118, p. 422.
[231] Cass. Com., 20 sept. 2023, n° 21-25386.
[232] LATINA (M.), CHANTEPIE (G.), *op. cit.* n°118, p. 422.
[233] En ce sens, voir « A. Une volonté commune exigée ».
[234] TERRE (F.), SIMLER (Ph.), LEQUETTE (Y.), *op. cit.* n°118.
[235] Cass. 1e Civ., 24 nov. 1993, n° 91-18650 : Bull. civ. I, n° 339.
[236] GRIMALDI (C.), *op. cit.* n°102.
[237] REVET (Th.), *op. cit.* n°78.

juridique, l'indemnisation du préjudice subi n'est pas l'exact synonyme de la révision du prix. L'étendue de l'indemnisation, calculée selon le préjudice effectivement subi, n'étant pas nécessairement égale à la différence entre le prix juste, révisé,[238] et le prix abusif[239]. S'il était pourtant envisageable que la solution demeure, « *les jours de l'article 1165 du Code civil sont probablement déjà comptés* »[240] !

2. Les pouvoirs du juge retrouvés

97. **La fixation judiciaire du prix consacrée par le droit spécial -** La place et le rôle du juge en matière de fixation du prix sont en passe d'être renforcés par l'avant-projet de réforme du droit des contrats spéciaux[241]. Rompant avec la définition prévue par l'actuel article 1710 du Code civil, l'article 1755 de l'avant-projet ne fait plus du prix un élément essentiel à la formation des contrats d'entreprise, consacrant, de fait, la jurisprudence actuellement en vigueur[242]. « *Cette évolution novatrice de la place du prix dans le contrat d'entreprise s'accompagne d'une évolution de l'office du juge* »[243]. L'article 1750 de l'avant-projet prévoit, à son tour, qu'en cas d'indétermination du prix et à défaut d'accord entre les parties, une fixation judiciaire peut être sollicitée par l'une des parties au contrat, opérant alors un spectaculaire retour à la jurisprudence antérieure à l'adoption de l'article 1165 du Code civil[244]. Divers éléments[245] ont fort habilement été prévus par la Commission afin de guider le juge dans sa mission retrouvée. Il paraît cependant difficilement réaliste de faire coexister ces deux dispositions en pratique. Si une fixation judiciaire est envisageable, la partie faible aura tout intérêt à solliciter cette mesure

---

[238] Pris pour « étalon » dans la révision du prix.

[239] LATINA (M.), CHANTEPIE (G.), *op. cit.* n°118, p. 422.

[240] ZAFFAGNINI (M.), « La fixation unilatérale du prix par l'expert-comptable ou le déclin de l'article 1165 du Code civil », *L'essentiel Droit des contrats - n°10*, Lextenso, 2023, p. 3. Note sous Cass. Com. 20 sept. 2023, n°21-25.386.

[241] BUCHER (C-E.), DAILLANT (M-A.), *La réforme du droit des contrats spéciaux*, Dalloz, 2023.

[242] Cass. Ass. Plén., 1er déc. 1995, n°93-13.688, ou encore Cass. Civ. 1e, 20 févr. 1996, n° 94-14.074.

[243] BUCHER (C-E.), DAILLANT (M-A.), *La réforme du droit des contrats spéciaux*, Dalloz, 2023.

[244] Cass. Civ. 1e, 24 nov. 1993, n° 91-18.650 : Bull. civ. I, n° 339.

[245] Tels que la qualité de l'ouvrage réalisé ou encore les attentes légitimes des parties (Art. 1760 al. 2 de l'avant-projet de réforme).

plutôt qu'à chercher à prouver un abus afin d'obtenir des dommages et intérêts[246]. Cette disposition nouvelle semble ainsi anéantir *de facto* la portée de l'article 1165 du Code civil, qui ne prévoit pas la possibilité d'une fixation judiciaire du prix. C'est d'ailleurs en ce sens qu'a récemment statué la Haute juridiction[247].

98. **La fixation judiciaire du prix consacrée par la jurisprudence** - En refusant d'appliquer les dispositions de l'article 1165 du Code civil à l'activité d'expertise comptable, la chambre commerciale de la Cour de cassation a, semble-t-il, « *entendu précipiter la chute de l'article 1165* »[248]. Partant, la Cour a estimé que la fixation du montant d'une créance d'honoraires relevait du pouvoir judiciaire[249]. Toutefois, cette éviction, fondée sur l'article 1105 du Code civil, ne constitue pour l'instant qu'une décision isolée, qui peut classiquement s'expliquer par l'adage *specialia generalibus derogant*. Il sera alors intéressant d'analyser comment la jurisprudence nouvelle envisagera cette articulation, qui pourrait modérer l'unilatéralisme accordé aux parties.

Section II. L'unilatéralisme modéré

99. **Annonce** - La consécration d'une possibilité de fixation unilatérale du prix n'est toutefois pas dépourvue de garde-fous. Au regard du fort risque d'abus qu'elle suscite, cette faculté est modérée, avant tout, par un champ d'application restreint (Paragraphe I), mais également par plusieurs mécanismes juridiques (Paragraphe II).

---

[246] LEVENEUR-AZÉMAR (M.), « Observations sur le contrat d'entreprise dans l'avant-projet de réforme du droit des contrats spéciaux », *RDC n°3*, Lextenso, 2022.

[247] Cass. Com., 20 sept. 2023, n°21-25.386. En ce sens, V. également ZAFFAGNINI (M.), *op. cit.* n°240.

[248] *Ibid.*

[249] Cass. Com., 20 sept 2023 n°21-25.386 : « *le tribunal, qui devait en fixer le montant, a méconnu l'étendue de ses pouvoirs et violé les textes susvisés* ».

Paragraphe I. Un champ d'application restreint

100. **Annonce** - Contrairement aux solutions jurisprudentielles établies en 1995, posant le principe d'une détermination unilatérale du prix, sauf lorsqu'un texte spécial en faisait une condition de validité du contrat, la codification actuelle des articles 1164 et 1165 n'a pas vocation à régir l'ensemble des contrats. Ainsi, il convient de s'interroger, d'une part, sur les raisons de cette restriction (A), et d'envisager, d'autre part, la possibilité d'étendre le champ d'application des dispositions nouvelles consacrant l'unilatéralisme, notamment à la lumière du droit européen, rendant cette restriction potentiellement désuète (B).

A. Une restriction justifiée

101. **Une restriction consacrée** - La volonté du législateur de circonscrire la fixation unilatérale du prix aux seuls contrats-cadres et contrats de prestation de services est à plusieurs égards justifiée. Selon le rapport adressé au Président de la République, le champ d'application de ce texte a dû être limité « *compte tenu du danger qu'il y aurait à autoriser une fixation unilatérale du prix dans tous les contrats* »[250]. En outre, même dans le champ restreint des contrats-cadres et des contrats de prestation de services, la détermination unilatérale du prix n'est envisageable que si une disposition spéciale n'impose pas la détermination bilatérale du prix[251]. Une double explication semble toutefois pouvoir justifier la restriction apportée.

102. **Une explication théorique** - En théorie, si le prix confère aux contrats de prestation de services un caractère onéreux, il ne constitue pas pour autant un élément essentiel à leur qualification[252]. Alors qu'une vente sans prix devient une donation et qu'un bail sans prix devient prêt à usage, un louage d'ouvrage sans

---

[250] Rapport au Président de la République relatif à l'ordonnance n° 2016-131 du 10 février 2016.

[251] Cass. Com., 20 sept 2023 n°21-25. 386

[252] En ce sens, Cass. Civ. 1e, 28 nov. 2000, n° 98-17560 : Un accord préalable sur le montant exact de la rémunération n'est pas un élément essentiel du contrat d'entreprise.

prix reste un louage d'ouvrage[253]. Il en est de même pour le contrat-cadre, qui ne comporte aucune prestation monétaire à proprement parler puisqu'il n'est pas « le *support direct d'un échange économique* »[254].

103.**Une explication pratique** - En pratique, si la fixation unilatérale du prix est légalement circonscrite aux contrats de prestation de services, c'est en raison de la complexité que peut représenter l'évaluation préalable du coût d'une telle prestation avant son exécution effective, notamment pour des services intellectuels. Toutefois, cette restriction ne pourrait-elle pas tendre à s'atténuer au regard de la conception étendue des contrats de prestations de services en droit européen ?

B. Une restriction désuète ?

104. **En droit interne** - Le domaine du contrat de prestation de services est parfois appréhendé si largement qu'il inclurait tous les contrats non translatifs de propriété. C'est notamment en ce sens que le Vocabulaire juridique de l'association Henri Capitant définit la prestation de services comme un *« terme générique englobant, à l'exception de la fourniture de produits, celle de tout avantage appréciable en argent, en vertu des contrats les plus divers »*[255]. Une telle appréciation pourrait non seulement faire tomber en désuétude la restriction du domaine de l'article 1165, mais appert encore, aux yeux de certains auteurs, inappropriée en droit interne[256]. En considération des justifications théoriques et pratiques précédemment développées, particulièrement en raison de sa nature ardue, voire, dans certaines circonstances, insurmontable, la fixation du prix lors de la conclusion d'un contrat de prestation de services ne constitue pas une exigence d'ordre légal. Cette complexité n'est cependant pas universelle : la détermination du prix ne présente pas de difficulté particulière pour des contrats tels que le bail, le prêt ou encore la constitution d'usufruit. Par conséquent, il serait excessif de les

---

253 TERRE (F.), SIMLER (Ph.), LEQUETTE (Y.), *op. cit.* n°118.

254 DISSAUX (N.), *op. cit.* n°199, p. 104. V. également en ce sens LATINA (M.), CHANTEPIE (G.), *op. cit.* n°118, p.131.

255 Association Henri Capitant, Vocabulaire juridique, 11e éd., 2016, PUF.

256 GRIMALDI (C.), *op. cit.* n°102.

assimiler à des contrats de prestation de services au sens de l'article 1165 du Code civil[257].

105. **En droit européen** - Sous l'influence du droit européen, le contrat de prestation de services pourrait être entendu si largement qu'il réduirait, *de facto*, le champ d'application de l'article 1165. À la lumière du guide de la jurisprudence de la Cour de justice de l'Union européenne[258], constitue effectivement un service toute prestation fournie contre rémunération, dans la mesure où celle-ci n'est pas régie par les dispositions relatives à la libre circulation des marchandises, ce qui en fait une catégorie large. Les contrats de mandat, de dépôt, ou encore de bail pourraient alors intégrer le périmètre de l'article 1165 du Code civil, « *changeant ainsi sa physionomie* »[259]. La notion même de prestation de service trouvant son origine dans le système juridique communautaire, « *faut-il alors rendre à César ce qui est à César* »[260] et adopter la même conception en droit interne français ? Une réponse négative devrait être apportée. Si le périmètre du contrat de prestation de service est appréhendé aussi largement par le droit de l'Union, c'est avant tout pour garantir une portée maximale à la liberté de circulation des services au sein du marché intérieur. Cependant, bien que cette liberté soit un pilier du droit communautaire, une telle préoccupation demeure, pour l'instant, étrangère au droit français. Il reviendra alors, dans un premier temps, à la jurisprudence de se prononcer sur la question, avant que le législateur n'intervienne, éventuellement. La limitation du domaine d'application de la fixation unilatérale du prix ne constitue cependant pas l'unique moyen établi par le législateur afin de tempérer l'unilatéralisme. D'autres dispositifs ont ainsi été institués à cette fin.

---

[257] GRIMALDI (C.), *op. cit.* n°102.

[258] Guide de la jurisprudence de la Cour de justice de l'UE relative aux articles 49 s. du TFUE.

[259] LATINA (M.), CHANTEPIE (G.), *op. cit.* n°118.

[260] LARDEUX (G.), *op. cit.* n°205, p.1659.

Paragraphe II. Une pluralité de mécanismes modérateurs

106. **Annonce** - « *Parce que le danger consubstantiel à l'unilatéralisme est l'abus* »[261], une pluralité de mécanismes a été instituée par le législateur, en sus d'un champ d'application restreint, afin de pouvoir anticiper et contrôler les éventuels abus dans la fixation unilatérale du prix par l'une des parties. Partant, une volonté commune est exigée au stade de la formation du contrat afin de pouvoir exercer cette prérogative (A), mais également, une motivation du montant du prix doit pouvoir être apportée en cas de contestation (B).

A. Une volonté commune exigée

107. **Annonce** - Alors qu'une volonté commune est explicitement exigée par l'article 1164 du Code civil au stade de la formation du contrat-cadre (1), une volonté tacite est implicitement requise par l'article 1165 du même Code, lors de la conclusion du contrat de prestation de services (2).

1. Une volonté commune explicitement exigée :

108. **La nécessaire souscription d'une clause de prix** - Dans le sillage des arrêts Alcatel[262], le recours à l'unilatéralisme lors de la fixation du prix n'est possible que si les parties en conviennent expressément, par le biais d'une clause de prix, lors de la conclusion du contrat-cadre. À ce titre, nous le disions[263], le contrat-cadre ne stipulant ni prix, ni clause en autorisant sa fixation unilatérale devrait, *a priori*, être frappé de nullité pour indétermination de la prestation sur le fondement de l'article 1163 du Code civil[264].

109. **Le contenu éventuel d'une clause de prix** - La liberté contractuelle devrait ouvrir la voie à une grande diversité de clauses de prix. En outre, rien ne semble empêcher les parties d'instaurer contractuellement un régime sur mesure, adapté à leurs besoins,

---

261 LATINA (M.), CHANTEPIE (G.), *op. cit.* n°118.
262 TERRE (F.), SIMLER (Ph.), LEQUETTE (Y.), *op. cit.* n°118.
263 Chapitre second, Section I, Paragraphe II, B. Un abandon nuancé de l'élargissement des pouvoirs judiciaires.
264 En ce sens, *op. cit.* n°263.

plus protecteur que celui prévu par le législateur, comme une exigence de motivation *ab initio*, ou encore, la possibilité d'une fixation judiciaire du prix en cas d'abus[265]. Si la volonté commune des parties est directement exprimée par le biais d'une clause de prix dans les contrats-cadre, elle est implicitement acceptée lors de la conclusion d'un contrat de prestation de services.

2. Une volonté tacite implicitement requise :

110. **Une primauté accordée à la volonté commune** - Consacrant la jurisprudence relative aux contrats d'entreprise[266], l'article 1165 du Code civil prévoit que, dans les contrats de prestation de services, la fixation unilatérale du prix par le créancier n'est possible qu'à défaut d'accord des parties sur le prix, avant l'exécution de la prestation. C'est ainsi que le législateur accorde une primauté à la volonté commune des parties. En revanche, comme en témoignent les conditions de saisine du juge, strictement limitées aux fixations abusives du prix, l'accord du débiteur n'est plus nécessaire une fois le prix fixé par le créancier[267]. Son accord serait-il implicitement déduit de la simple souscription du contrat de prestation de services ? Selon le Professeur Hilger, les parties conviendraient, tacitement, lors de la conclusion du contrat que le créancier du prix pourra déterminer unilatéralement le prix de la prestation après son exécution[268].

111. **Une éventuelle clause de prix** - Si la clause de prix n'est pas légalement requise au titre des conditions de validité des contrats de prestation de services, le prix pouvant être unilatéralement fixé par le créancier à défaut d'accord des parties, celle-ci demeure néanmoins un outil intéressant permettant d'encadrer conventionnellement ce pouvoir et d'adapter le contrat au plus près des besoins des parties. Cependant, il ne s'agit pas du seul mécanisme modérateur envisagé par le

---

265 LATINA (M.), CHANTEPIE (G.), *op. cit.* n°118, p. 425.

266 Cass. Civ. 1e, 28 nov. 2000, n° 98-17560 : « *Mais attendu qu'un accord préalable sur le montant exact de la rémunération n'est pas un élément essentiel du contrat d'entreprise* ».

267 Contrairement à l'article1164 de l'avant-projet de réforme qui disposait que l'accord *a posteriori*, par le bénéficiaire du service, du prix unilatéralement fixé par le prestataire de service était requis.

268 HILGER (G.), « La fixation unilatérale du prix dans la réforme du droit des contrats : une évolution en demi-teinte », *Lextenso Actu-juridique*, 2018.

législateur, « *l'institutionnalisation de ce pouvoir unilatéral a un prix : la motivation* »[269].

B. Une obligation de motivation en cas de contestation

112. **Une obligation au contenu obscur** - En imposant à la partie investie du pouvoir de fixation unilatérale du prix d'en justifier le montant, le législateur institue un mécanisme modérateur de l'unilatéralisme, commun au contrat-cadre et aux contrats de prestation de services. Selon le rapport adressé au président de la République accompagnant l'ordonnance, ladite motivation consiste principalement à exposer la manière dont le prix a été calculé, notamment au regard des prévisions des parties[270]. Faisant office de levier dissuasif contre toute tentative de fixation abusive du prix, l'obligation de motivation traduit l'encadrement juridique de cette prérogative. Toutefois, « *cette obligation de motivation est à éclipse* »[271], le législateur ne précisant ni les modalités, ni les sanctions associées à une éventuelle défaillance du débiteur de l'obligation. Le prix injustifié doit-il, d'emblée, être considéré comme abusif et faire encourir la résolution du contrat ou l'indemnisation du cocontractant malheureux ? La défaillance d'une partie à l'égard de l'obligation de motivation constitue-t-elle une simple faute contractuelle réparable par des dommages et intérêts, pour autant qu'elle ait causé un préjudice ? Cette obligation est-elle, une fois apportée aux débats, dépourvue de toute éventuelle modification ?[272] Autant de questions auxquelles la jurisprudence aura vraisemblablement à répondre dans les années à venir. Néanmoins, une autre réflexion, plus théorique, s'impose également à la lecture du texte.

113. **La surprenante temporalité de la justification** - La loi limite l'obligation de motivation aux hypothèses de contestation du prix

---

[269] DISSAUX (N.), *op. cit.* n°199.

[270] Rapport au président de la République relatif à l'ordonnance n° 2016-131, 10 févr. 2016.

[271] LATINA (M.), CHANTEPIE (G.), *op. cit.* n°118.

[272] *Ibid.*

par le débiteur[273]. De deux choses l'une. Premièrement, ce choix ne semble pas s'aligner sur la temporalité des autres exigences de motivation prévues par la loi. Par exemple, dans le cadre de la résolution unilatérale du contrat[274], les « *raisons qui la motivent* » doivent être indiquées dès la notification. Suivant l'exigence du principe général de bonne foi[275], le débiteur devrait également avancer une justification du prix en première intention[276]. Quel motif a pu alors justifier une telle différence de traitement ? Deuxièmement, si l'obligation de motivation du prix engendre assurément une menace pesant sur le créancier tenté d'abuser de son pouvoir, limiter cette exigence à la seule éventualité d'une contestation pourrait néanmoins remettre en question son rôle, pourtant primordial, lors du contrôle judiciaire du prix, en cas d'abus dans sa fixation unilatérale.

---

[273] À la différence de l'article 1164 de l'avant-projet qui imposait une obligation de motivation générale pour les contrats de prestation de service.

[274] L'article 1226, dispose en son troisième alinéa que « *lorsque l'inexécution persiste, le créancier notifie au débiteur la résolution du contrat et les raisons qui la motivent* ».

[275] Prévu par l'article 1104 du Code civil : « *Les contrats doivent être négociés, formés et exécutés de bonne foi. Cette disposition est d'ordre public* ».

[276] LATINA (M.), CHANTEPIE (G.), *op. cit.* n°118.

DEUXIÈME PARTIE
LE CONTRÔLE DU PRIX

114. **La genèse du contrôle** - « [L*e contrat*] *est encore bien souvent le produit d'un rapport de forces, la source d'excès et d'abus* »[277]. Le prix, déterminé par les parties, ou par l'une d'entre elles, doit, à ce titre, pouvoir être contrôlé. Historiquement, le juge disposait de faibles moyens d'intervention en la matière[278]. « *Le Code civil de 1804, porté par une forte méfiance à l'égard des juges, après avoir hissé le contrat à l'égal de la loi supplétive, a fait du juge le serviteur du contrat* »[279]. Des mécanismes de contrôle du prix ont ainsi progressivement vu le jour en droit commun, mais également en droit de la consommation, ou encore en droit de la concurrence. Cependant, dans un souci de concision, seuls les mécanismes de contrôle prévus dans le cadre du droit commun des contrats seront ici évoqués.

115. **Annonce des chapitres** - En droit commun des contrats, le législateur a institué des mécanismes de contrôle du prix dans le dessein de prévenir ou de réprimer d'éventuels abus. Ces mécanismes peuvent être scindés selon que le déséquilibre du prix est partiel, auquel cas le contrat est, en principe, maintenu (Chapitre premier), ou plus significatif, auquel cas le contrat peut être ou modifié, pire, anéanti (Chapitre second).

---

[277] MAZEAUD (D.), *L'avenir du droit : mélanges en hommage à François Terré*, Dalloz, PUF, édition du juris-classeur, 1999, p.603.

[278] DE LAMMERVILLE (D.), NUSSENBAUM (M.), KIRILOWITS (N.), « Contrôle judiciaire du prix : les propositions du Club des juristes », *Actu-juridique*, Lexenso, 2021.

[279] AYNÈS (L.), « Le juge et le contrat : nouveaux rôles ? », *Revue des contrats - n°Hors*-série, Lextenso, 2016, p.14.

CHAPITRE PREMIER
Le contrôle du prix simplement déséquilibré

116.**Annonce de plan** - « *La lutte contre le déséquilibre contractuel est souvent affichée comme un objectif du législateur* »[280]. À travers l'étude des mécanismes de contrôle du prix, c'est en réalité l'analyse de l'équilibre, ou plutôt du déséquilibre économique du contrat qui est envisagée par la présente étude. Cette hypothèse recouvre spécialement le cas où la prestation fournie ne trouve pas de contrepartie équivalente dans la prestation reçue. Mais, au principe d'absence de sanction du simple déséquilibre (Section I), doivent être apportées quelques nuances (Section II).

Section I. Le principe d'absence de sanction du simple déséquilibre

117.**Annonce de plan** - Le principe d'indifférence du contrat lésionnaire (Paragraphe I) proclamé par le Code Napoléon et réaffirmé en 2016 à l'occasion de la réforme, résonne harmonieusement avec le principe d'indifférence de l'erreur sur la valeur (Paragraphe II)

Paragraphe I. L'indifférence du contrat lésionnaire

118. **Annonce** - Le principe d'indifférence à l'égard du contrat lésionnaire fut consacré (A), au moyen d'une justification plurielle (B).

A. Une indifférence consacrée

119. **Réflexion sur le champ d'application** - Bien que le rejet de la lésion en tant que cause générale de nullité des contrats fût proclamé dès le Code civil de 1804[281], ce principe demeure circonscrit à un champ d'application spécifique. Premièrement, l'article 1168 du Code civil, vise expressément les contrats synallagmatiques, c'est-à-dire les contrats par lesquels les parties s'obligent réciproquement les unes

---

[280] CHANTEPIE (G.), « La notion d'équilibre du contrat », *Actes du Colloque Lille du 24 juin 2016*, Loyers et Copropriété n° 10, Dossier N°6, 2016.
[281] En son ancien article 1118.

envers les autres.[282]. Deuxièmement, à la lumière de l'adage « *l'aléa chasse la lésion* », il est de toute logique que l'article 1168 ne puisse s'appliquer aux contrats aléatoires, pour lesquels l'aléa est, par principe, consciemment accepté lors de la conclusion du contrat. Si les contrats synallagmatiques sont donc en principe préservés de toute action en nullité pour lésion, en dépit du déséquilibre qui les affecte, qu'en est-il des contrats unilatéraux placés aux confins de ces contrats synallagmatiques ? Autrement dit, des contrats où s'opère un échange économique de fait entre les parties, sans pour autant revêtir la nature synallagmatique au sens strict du terme. Par exemple, dans le contrat de prêt d'argent, pour lequel une réciprocité d'obligations est implicitement convenue. Selon certains auteurs[283], il semble évident que la jurisprudence appliquera l'article 1168 à l'ensemble des relations contractuelles réalisant un échange économique, *lato sensu*, entre les parties. Une telle acception permettrait d'assouvir la quête d'une plus grande efficacité contractuelle, souhaitée par le législateur.

120.**L'exclusion de la lésion qualifiée** - Pourtant courante au sein des codifications européennes[284], aucune place ne semble être accordée à la « lésion qualifiée » au sein de l'article 1168 du Code civil. Bien que cette notion ne soit pas explicitement accueillie par cet article, elle semble indéniablement résonner dans la définition du vice d'abus de dépendance prévu par l'article 1143. Certains auteurs déplorent ce rattachement[285], ce qui se comprend aisément dans la perspective d'une uniformisation du droit interne avec les principes européens. En tout état de cause, une telle lacune restreint inévitablement la portée de l'article 1168, qui se limite à l'effet observé, à savoir le défaut d'équivalence des prestations, sans aborder son origine[286].

121.**L'exceptionnelle influence de la lésion** - L'article 1168 du Code civil conclut par *« à moins que la loi n'en dispose autrement »*. En d'autres termes, après avoir établi le principe d'indifférence à l'égard de la lésion, la loi fait référence aux exceptions dans lesquelles le

---

[282] Article 1104 al. 1e du Code civil : « *Le contrat est synallagmatique lorsque les contractants s'obligent réciproquement les uns envers les autres.* ».
[283] LATINA (M.), CHANTEPIE (G.), *op. cit.* n°118.
[284] PDEC, art. 4 :109. Code européen des contrats, art. 30.
[285] WITZ (C.), « Le juge et la révision du contrat : vision du droit français », *LPA*, Lextenso, 2018, p.10.
[286] LATINA (M.), CHANTEPIE (G.), *op. cit.* n°118, p.433.

contrat lésionnaire est sanctionné. Effectivement, le législateur prévoit, premièrement, une prise en compte de la lésion pour certains contrats. Ainsi dans l'attente d'une réforme du droit des contrats spéciaux, la rescision pour lésion des 7/12e dans la vente immobilière demeure en vigueur, en vertu de l'article 1674 du Code civil. L'avant-projet de réforme du droit des contrats spéciaux propose, en son article 1643, de maintenir pour l'essentiel, les règles relatives à la lésion dans la vente d'immeuble. Le législateur prévoit, deuxièmement, une prise en compte de la lésion à l'égard de certaines personnes protégées[287]. Ce faisant, il accroît, d'une part, la sécurité juridique de la personne vulnérable en simplifiant l'anéantissement du contrat dès lors qu'il est affecté d'une simple lésion. Il promeut, d'autre part, l'autonomie de la personne protégée en écartant la nullité systématique du contrat pour violation d'une incapacité d'exercice, pour autant que celui-ci ne soit pas affecté par une lésion[288]. Ce principe, légalement consacré, avant d'être réaffirmé par la réforme, se trouve théoriquement justifié.

B. Une indifférence justifiée

122. **Une justification fondée sur le principe d'autonomie de la volonté** - Dans sa célèbre formule glorifiant la volonté individuelle[289], Fouillée affirmait : « *Qui dit contractuel dit juste* ». Dans cette lignée, et empreints d'un traditionnel libéralisme, les rédacteurs du Code civil de 1804 ont, semble-t-il, estimé que les parties se protégeraient elles-mêmes d'un prix lésionnaire apparemment juste puisque contractuellement déterminé. Selon le Professeur Mazeaud, il est ainsi permis d'y voir l'expression du principe de l'autonomie de la volonté. Libres et égaux, les contractants sont ainsi réputés être les meilleurs juges de leurs propres intérêts. Concepteurs d'un contrat juste, c'est en toute logique, qu'ils doivent être en mesure d'assumer la responsabilité d'un éventuel déséquilibre

---

[287] Les articles 1148 à 1151 du Code civil concernant les mineurs et les majeurs protégés. En ce sens, PETERKA (N.), « La lésion dans les contrats passés par les mineurs et les majeurs protégés », *Actualité juridique Contrats d'affaires : concurrence, distribution*, Dalloz, 2018, p.107.

[288] PETERKA (N.), *op. cit.* n°287.

[289] STRICKLER (Y.), « La protection de la partie faible en droit civil », *Petites affiches - n°213*, Lextenso, 2004, p.6.

contractuel[290]. C'est également l'impératif de sécurité juridique qui a incité les rédacteurs du Code Napoléon, puis de la réforme à consacrer le principe d'indifférence du contrat lésionnaire.

123.**Une justification fondée sur le principe de sécurité juridique** - « *Plutôt que faire régner la justice dans les contrats, les rédacteurs du Code civil ont voulu assurer la sécurité des transactions* »[291]. La généralisation de la lésion, octroyant aux parties la possibilité de revenir aisément sur la parole librement donnée sous le prétexte du moindre déséquilibre, aurait indubitablement réduit la stabilité du contrat comme peau de chagrin. Or, une telle fragilité s'avérerait inconciliable avec le rôle qui est dévolu à l'outil contractuel. En tant qu'instrument central de l'activité économique, le contrat se doit, sous peine de perdre toute efficacité et toute crédibilité, d'incarner les vertus de prévisibilité et de sécurité[292]. Ces impératifs s'étendent enfin, sous l'influence souterraine de la lésion, à d'autres situations juridiques.

Paragraphe II. Les déclinaisons de l'indifférence du contrat lésionnaire

124. **Annonce** - Les principes d'indifférence de l'erreur sur la valeur (A) et sur la rentabilité économique (B) renforcent l'indifférence du prix lésionnaire en droit des contrats.

A. Le principe d'indifférence de l'erreur sur la valeur

125.**Une consécration jurisprudentielle ancienne** - L'article 1136 du Code civil entérine une jurisprudence ancienne et constante[293] relative à l'erreur sur la valeur. Selon cette disposition, une telle erreur est indifférente lorsque la victime a simplement fait une appréciation économique erronée au regard de sa valeur réelle sur le marché.

---

[290] MAZEAUD (D.) mis à jour par LATINA (M.), *Répertoire de droit civil*, Dalloz, 2023.

[291] MAZEAUD (D) reprenant MAZEAUD (H., L. et J.) et CHABAS, *Leçons de droit civil*, t. 2, 1er vol., Obligations, Théorie générale, 8e éd., 1991, Montchrestien, n° 210.

[292] MAZEAUD (D.), *op. cit.* n°290.

[293] Req. 17 mai 1832, S.1832.1.849, Cass. Civ. 1e, 5 avril 1993 n°91-11.576.

126.**Quelques précisions terminologiques** - À la croisée du droit et de l'économie, cette disposition impose quelques brèves précisions terminologiques avant de poursuivre la réflexion. Dans le langage usuel, le prix est fréquemment assimilé à la notion de valeur économique. Cette confusion est tout à fait compréhensible dans la mesure où « *l'énonciation du prix renferme toujours l'énonciation de la valeur* »[294], selon Turgot. Portalis définissait d'ailleurs, en son temps, le prix comme « *la portion ou la somme d'argent qui, comparée à cette valeur, est réputée lui être équivalente* »[295]. Néanmoins, comme le rappelle la doctrine, ces deux notions demeurent indépendantes l'une de l'autre et présentent, de ce fait, des caractéristiques distinctes. La valeur revêt davantage une dimension qualitative, tandis que le prix recouvre une dimension plutôt quantitative, ayant une matérialité propre. En outre, comme le résume Madame Lehman, « *la valeur est une notion économique, laquelle s'exprime à travers le prix, notion juridique* »[296]. Ces deux notions semblent alors, à des échelles différentes, intrinsèquement liées.

127.**Un principe fondé sur l'exclusion de la lésion** - Le principe d'indifférence de l'erreur sur la valeur trouve son fondement dans celui de l'indifférence du prix lésionnaire[297]. Effectivement, si le simple déséquilibre des prestations est indifférent aux yeux du législateur, une mauvaise estimation du prix par la partie contractante, provoquant, de fait, un déséquilibre est, en toute logique, également indifférent. Cela semble d'ailleurs tout à fait cohérent dans une économie de marché : permettre aux parties de faire de bonnes affaires implique inévitablement que d'autres en fassent de moins bonnes[298]. Telle est la dure loi des affaires : celui qui, pleinement conscient des qualités essentielles de la chose ou de la prestation, ne prend pas la peine de s'informer suffisamment sur le prix du marché, commet une erreur

---

294 LEHMAN (C.), reprennant TURGOT (A.-R.-J.), « Valeur et monnaie », Calmann-Lévy, Paris, 1970, p. 246.

295 LEHMAN (C.), reprennant PORTALIS (J.-É.-M.), *Motifs et discours prononcés lors de la publication du Code civil*, Firmin Didot Frères, 1838, p. 598.

296 LEHMAN (C.), « Essai sur le prix et la valeur en droit des contrats », Thèse Université Paris-Saclay, 2022, p.30.

297 CHANTEPIE (G.), « Article 1170 : la lésion », *Revue des contrats n°03*, 2015, p. 763.

298 LATINA (M.), CHANTEPIE (G.), *op. cit.* n°118, p. 313.

inexcusable aux yeux du droit[299]; et le déséquilibre qui en résulte ne peut raisonnablement être considéré, à moins qu'il ne résulte d'un vice. C'est la raison pour laquelle l'erreur sur la valeur n'est prise en compte que si elle dérive d'une erreur sur les qualités essentielles de la chose ou si elle résulte d'un dol constitué par des manœuvres ou des mensonges[300].

B. Le principe d'indifférence de l'erreur sur la rentabilité économique

128. **Le principe** - L'erreur portant sur la rentabilité d'une opération, soit sur son aptitude à procurer les avantages économiques espérés, devrait en principe être indifférente aux yeux du droit, car cela revient soit à porter une appréciation de la valeur de la prestation fournie, soit sur ses motifs. En adoptant le même raisonnement qu'a été celui du législateur concernant l'erreur sur la valeur, il ne pourrait en aller autrement que si l'erreur sur la rentabilité économique découle d'une erreur sur les qualités essentielles de la prestation, ou encore d'un vice. Or, dans un arrêt du 31 mars 2005[301] la Cour de cassation a estimé que « *l'appréciation erronée de la rentabilité économique de l'opération n'était pas constitutive d'une erreur sur la substance de nature à vicier le consentement* ». De plus, la Haute Cour juge de manière constante que « *l'erreur sur un motif du contrat, extérieur à l'objet de celui-ci, n'est pas une cause de nullité de la convention, quand bien même ce motif aurait été déterminant* »[302]. Partant, à moins de la faire entrer dans le champ contractuel, l'absence de rentabilité économique d'une opération n'est donc, en rien, sanctionnable[303]. Une telle approche, sévère d'apparence, semble toutefois conforme à la *ratio legis* et au principe d'exclusion de la lésion du champ de protection légal. *Dura lex sed lex.* Le contractant ne saurait bénéficier d'une protection particulière en cas de mauvaise

---

299 *Ibid.*

300 En ce sens, Chapitre second, seconde partie.

301 Cass. Civ. 3e, 31 mars 2005, n°03-20.096. En ce sens, BOULOGNE-YANG-TING (C.), « Validité d'un bail à construction consenti par une société d'attribution », *Recueil Dalloz*, 2006, p. 2082.

302 Cass. Civ. 1e, 13 févr. 2001, Bull. civ. I, n° 3; Cass. 3e Civ., 24 avr. 2003, Bull. Civ. III, n° 82.

303 BOULOGNE-YANG-TING (C.), *op. cit.* n°201.

appréciation de la rentabilité économique escomptée. Néanmoins, le contrat de franchise semble pouvoir apporter une nuance au propos.

129. **Le cas particulier du contrat de franchise** - L'erreur sur la rentabilité économique a toutefois pu être accueillie par la jurisprudence dans des domaines spécifiques, notamment dans le cadre du contrat de franchise. Le 12 juin 2012[304], la chambre commerciale de la Cour de cassation a notamment pu considérer que l'erreur sur la rentabilité économique d'un contrat de franchise n'était pas qu'une simple erreur sur la valeur, mais qu'elle procédait d'une erreur sur la substance du contrat de franchise, pour lequel l'espérance de gain est déterminante. Autrement dit, ce serait la nature même du contrat de franchise qui ferait de la rentabilité économique une qualité essentielle. C'est d'ailleurs sur la base des données obligatoirement transmises par le franchiseur que le franchisé s'engage[305]. En ce sens, la Haute Cour rappelle le 24 juin 2020, que *« l'erreur sur la rentabilité du concept d'une franchise ne peut conduire à la nullité du contrat pour vice du consentement du franchisé si elle ne procède pas de données établies et communiquées par le franchiseur »*[306] . La Cour semble exprimer, en creux, le souhait de circonscrire le champ de l'erreur sur la rentabilité économique dans un domaine où il existe une obligation particulière d'information précontractuelle, à l'instar de l'article L330-3 du Code du commerce concernant le contrat de franchise[307]. Ne peut-on pas redouter néanmoins une généralisation de cette solution au-delà du contrat de franchise ? Ne constate-t-on pas, en effet, que de nombreux contrats sont conclus dans l'espoir de leur rentabilité, en particulier ceux qui permettent l'exercice d'une activité professionnelle, tels que les cessions de fonds de commerce, de clientèle, ou encore de licences ? La voie ouverte semble trop large. La nullité ne devrait être admise qu'avec

---

[304] Cass. Com. 12 juin 2012 n°11-19.047, D.2012.2079, note N. Dissaux : « *le caractère déterminant des chiffres communiqués a caractérisé le vice du consentement qu'elle a retenu pour prononcer la nullité* ». Également en ce sens, Cass. Com., 10 juin 2020 n°18-21.536. GRIMALDI (C.) « La singulière erreur sur la rentabilité », RDC - n°01, Lextenso, 2021, p.78. Note sous, Cass. Com., 10 juin 2020 n°18-21.536.

[305] C. com., art. L. 330-3, al. 1 et 2.

[306] Cass. Com. 24 juin 2020, n°18-15.249. Toujours en ce sens, GRIMALDI (C.) « La singulière erreur sur la rentabilité », *Revue des contrats - n°01*, Lextenso, 2021, p.78.

[307] LATINA (M.), CHANTEPIE (G.), *op. cit.* n°118.

prudence afin d'éviter de fragiliser de multiples contrats et, par conséquent, de créer une insécurité juridique[308]. En ce sens, le 21 octobre 2020, la Haute Cour décida que « *la rentabilité économique ne constitue une caractéristique essentielle d'une installation photovoltaïque qu'à condition que les parties l'aient fait entrer dans le champ contractuel* »[309]. Ce faisant, la Cour fait de la rentabilité un motif, qui devrait être expressément prévu par les parties, et donc ne peut se déduire implicitement selon la nature du contrat. Cette large approche jurisprudentielle semble donc, *a priori*, toujours réservée au contrat de franchise[310]. Néanmoins, des nuances au principe d'absence de sanction du simple déséquilibre peuvent être mises en exergue.

Section II. Les nuances au principe d'absence de sanction du simple déséquilibre

130. Annonce - L'absence de sanction du simple déséquilibre, notamment l'indifférence du droit positif à l'égard du prix lésionnaire, constitue un principe ancien et solidement établi dans notre ordre juridique. Toutefois, cette règle, en apparence intangible, connaît aujourd'hui certaines atténuations. Celles-ci se manifestent, d'une part, à travers la consécration légale de la réduction du prix (Paragraphe I), et, d'autre part, par la reconnaissance jurisprudentielle d'une réduction judiciaire d'honoraires (Paragraphe II).

Paragraphe I. La réduction du prix

131. **Annonce** - La première nuance apportée au principe d'indifférence du simple déséquilibre trouve son expression dans la reconnaissance légale de la réduction du prix. Il n'est pas de mise, dans cette perspective synthétique, d'aborder le régime de cette sanction

---

[308] FLOUR (J.), AUBERT (JL.), SAVAUX (E.), *Droit civil. Les obligations. L'acte juridique*, Sirey, 17e éd., 2022, p. 478.

[309] Cass. Civ. 1e 21 oct. 2020, n° 18-26.761. En ce sens, FENOUILLET (D.), « Après le chaud, le froid : une jurisprudence glaciale souffle sur les consommateurs d'installations photovoltaïques ! », *RDC - n°01*, Lextenso, 2021, p.102. Note sous Cass. Civ. 1e 21 oct. 2020, n° 18-26.761.

[310] MAUDET-BENDAHAN (M.), « La relative reconnaissance de l'erreur sur la valeur », *LPA n°10*, 2023, p.35.

en tant que tel, qui, bien que riche de réflexions, a déjà fait l'objet de nombreux et brillants commentaires[311]. Sans pouvoir en proposer une analyse exhaustive, en raison des contraintes de forme, le parti pris de cette étude est alors de livrer quelques réflexions sur le caractère unilatéral de la mise en œuvre de cette sanction. Il ne fait nul doute que l'intention première des rédacteurs de l'article 1223 était d'octroyer au créancier la possibilité de réduire unilatéralement le prix[312], comme en témoigne le rapport au président de la République[313]. Toutefois, la traduction légale de cette intention ne semble avoir été que peu convaincante (A). D'ailleurs, et en tout état de cause, cet unilatéralisme ne peut être absolu eu égard au rôle nécessaire accordé au juge dans la mise en œuvre de cette sanction (B).

A. L'unilatéralisme appliqué en demi-teinte

132. **Un principe ancien** - Avant de débuter cette réflexion, remarquons que la réduction du prix n'est pas totalement inconnue du droit français. Déjà consacrée, avant la réforme, à l'endroit de certains contrats spéciaux, en témoigne notamment le contrat de vente : l'action estimatoire en garantie des vices cachés, prévue par l'article 1644 du Code civil permet à l'acheteur déçu de demander une réduction du prix. L'article 1617 du Code civil prévoit également en matière de contenance d'un bien immobilier la possibilité d'une réduction proportionnelle du prix. L'article 1619 du même code prévoit aussi cette possibilité pour la vente mobilière à la mesure[314]. Si les exemples peuvent se multiplier en droit spécial, c'est désormais l'article 1223 du Code civil qui instaure le principe d'une réduction du prix, en droit commun des contrats, lorsque le cocontractant a imparfaitement exécuté son obligation. Une interrogation demeure néanmoins quant au domaine de cette sanction. Si le nouvel article 1223 a vocation à s'appliquer à la plupart des contrats, la référence au prix limite sa portée aux obligations pécuniaires. En outre, l'article 1223 ne visant que le prix, faut-il en déduire, par une lecture *a contrario*, que

---

[311] CHÉNÉDÉ (F.), « La réduction du prix », *RDC - n°03*, Lextenso, 2017, p.571.
[312] LATINA (M.), CHANTEPIE (G.), *op. cit.* n°118, p.698.
[313] « *L'article 1223 offre la possibilité au créancier d'une obligation imparfaitement exécutée d'accepter cette réduction sans devoir saisir le juge en diminution du prix* »
[314] En ce sens et pour un plus ample développement, PIETTE (G.), « Réforme du droit des contrats et des obligations : la réduction du prix en droit des contrats spéciaux... ou le leurre et l'argent du leurre ? », *La lettre juridique*, 2016.

cette sanction ne peut être mise en œuvre pour des prestations non-monétaires ? Une telle interprétation semble inopportune au regard des objectifs d'efficacité économique promus par la réforme. De plus, il serait pour le moins surprenant que la prestation monétaire soit la seule qui puisse faire l'objet d'une réduction, et si tel était le cas, il serait intéressant de connaître les arguments qui pourraient justifier une telle exclusion. Il ne paraît donc pas inenvisageable que la jurisprudence élargisse l'application d'un tel mécanisme au-delà de sa portée initiale, afin de permettre la réduction des prestations non monétaires.

133.**Une sanction réellement unilatérale ?** - Lorsque le créancier de l'obligation a déjà payé le prix, la lettre du texte n'esquisse l'ombre d'un doute : à défaut d'accord avec son cocontractant, il peut demander au juge la réduction du prix. Le caractère unilatéral de la sanction n'est alors pas concerné. En revanche, lorsque le créancier de l'obligation n'a pas encore payé, il peut, conformément au premier alinéa de l'article 1223 notifier sa décision d'en réduire de manière proportionnelle le prix, après mise en demeure. Toutefois, aucune précision n'est apportée concernant le contenu de cette notification. S'agit-il d'une simple obligation d'information ? Le créancier ne serait-il pas dans l'obligation de motiver sa décision, privant ainsi son cocontractant de tout moyen d'apprécier le bien-fondé de celle-ci ?[315]. En outre, la mention de « *l'acceptation par le débiteur de la décision de réduction de prix* » laisse à penser qu'après l'initiative du créancier, un échange des consentements entre les parties est nécessaire. De surcroît, l'article 1217 précise que le créancier « *obtient* » la réduction du prix et non « décide » ou « notifie » celle-ci, ce qui peut être un moyen d'écarter la voie unilatérale. Bien que remis en cause par certains auteurs au regard de la *ratio legis*[316], cette interprétation semble pourtant guider la jurisprudence, qui estime que « *cette réduction de prix ne s'impose qu'en cas d'accord du débiteur* »[317]. Il ne fait pourtant aucun doute qu'une telle interprétation conduit

[315] PIETTE (G.), *op. cit.* n°314.

[316] MAZEAUD (D.), « Propos conclusifs », *RDC - n°03*, Lextenso, 2017, p.577. Mais également en ce sens, LATINA (M.), CHANTEPIE (G.), *op. cit.* n°118, p.700.

[317] CA Montpellier, 10 nov. 2022, n° 22/01068 : « **cette réduction de prix ne s'impose qu'en cas d'accord du débiteur**, et à défaut de parvenir à un accord tant sur le principe que sur le montant de cette réduction, seule une décision judiciaire est susceptible de reconnaître cette réduction de prix et d'en évaluer le montant ». Également en ce sens, Paris, 14 déc. 2022, n° 19/14482.

à un regrettable alourdissement de la procédure de modification du contrat en imposant en sus d'un accord des parties, une mise en demeure et une notification. En tout état de cause, la procédure de réduction suivrait deux temps exprimés au sein des deux alinéas de l'article 1223 : tout d'abord, la recherche d'un accord après la notification du créancier, puis, en cas d'échec, la saisine du juge. La jurisprudence est venue, très récemment, compléter l'interprétation du texte. Dans un arrêt du 18 décembre 2024, la première chambre civile de la Cour de cassation a ainsi jugé que « *la réduction du prix peut, en toute hypothèse, être demandée en justice* »[318]. Cette solution soulève une double réflexion. D'une part, l'intervention du juge avant paiement pourrait fragiliser la sécurité juridique du débiteur, en l'exposant à une réduction différée du prix et à une contestation prolongée de son obligation de paiement. D'autre part, elle pourrait offrir une garantie supplémentaire au créancier, en lui assurant un accès facilité au juge[319].

B. L'unilatéralisme judiciairement contrôlé

134. **Présentation** - Affectant encore le principe de l'unilatéralisme *a priori* reconnu, la saisine du juge est expressément prévue au deuxième alinéa de l'article 1223 dans l'hypothèse où, à défaut d'accord entre les parties, le créancier a déjà payé. En outre, et comme le relève à juste titre, Monsieur le Professeur Mazeaud, cette sanction constitue, lorsqu'elle est judiciaire, *« une exception tout à fait remarquable au principe de non-ingérence du juge dans le contrat »*[320]. L'article 1223 n'ayant toutefois pas été déclaré d'ordre public, il convient de se demander si la liberté d'aménagement conventionnel des contractants leur permettrait d'adapter les modalités de saisine du juge prévues par la loi.

135. **Un aménagement conventionnel des modalités de saisine du juge** - Rien ne semble empêcher les parties au contrat de stipuler une clause aménageant le cadre d'intervention du juge. Les déclinaisons se révèlent alors infinies, eu égard au pouvoir créateur des contractants.

---

318 Cass. Civ. 1e, 18 déc. 2024, n° 24-14750.

319 En ce sens, V. ZAFFAGNINI (M.), « Les nouveaux contours de l'exécution forcée et de la réduction du prix », Gazette du Palais - n°6, Lextenso, 2025, p. 25.

320 MAZEAUD (D.), *op. cit.* n°316.

L'on peut fort bien imaginer qu'ils puissent suppléer les silences de la loi par leur propre loi, en déterminant conventionnellement un seuil de gravité de l'inexécution en deçà duquel le juge ne saurait être saisi, ou bien en fixant un prix plancher en deçà duquel la réduction ne pourrait tout simplement pas s'opérer[321]. Il leur serait également loisible de stipuler que la réduction soit exclusivement judiciaire ou, à l'inverse, exclusivement unilatérale. Le tout étant d'assurer que leur engagement ne soit pas dépourvu de toute sanction, afin que la clause ne puisse être réputée non écrite sur le fondement de l'article 1170[322].

136. **Sur l'étendue de la réduction** - « *Qu'il soit saisi a priori (par le créancier insatisfait qui « sollicite » le remboursement) ou a posteriori (par le débiteur qui s'est vu « notifier » la réduction), le juge sera amené à se prononcer (...) sur l'étendue de la réduction* »[323]. L'article 1223 énonce assez laconiquement que le créancier peut obtenir la « *réduction du prix* », proportionnelle « *à la gravité de l'inexécution* », précise le rapport au président de la République[324]. En l'absence de toute précision quant au mode de calcul, une marge d'appréciation substantielle pourrait être accordée au juge chargé de contrôler la mise en œuvre de la réduction. La Convention de Vienne, première source d'inspiration de l'article 1223, ainsi que les principes du droit européen des contrats, pourraient guider le juge dans l'appréciation de l'étendue de la réduction, en attendant que le législateur se prononce sur une méthode de calcul plus précise. Le rôle du juge ne se limite toutefois pas au cadre de la sanction de réduction du prix : la jurisprudence lui a également octroyé le pouvoir de réviser des honoraires manifestement excessifs.

Paragraphe II. La révision judiciaire d'honoraires

137. **Historique et justification du plan** - La révision judiciaire d'honoraires excessifs est une construction prétorienne très ancienne,

---

321 CHÉNÉDÉ (F.), *op. cit.* n°311.

322 Cf. Chapitre second, seconde partie.

323 CHÉNÉDÉ (F.), *op. cit.* n°311.

324 Rapport au président de la République relatif à l'ordonnance n° 2016-131 du 10 février 2016 : « *la réduction du prix sollicitée par le créancier de l'obligation imparfaitement exécutée doit être proportionnelle à la gravité de cette inexécution* ».

antérieure au célèbre arrêt Canal de Craponne[325], puisqu'il est habituel de la faire remonter à un arrêt du 29 janvier 1867[326]. Certains auteurs montrent même que ce pouvoir modérateur existait déjà sous l'Ancien Régime, notamment au travers de la réduction judiciaire du salaire de l'agent d'affaire, contractuellement fixé.[327] Initialement réservée aux mandataires et agents d'affaires[328], cette solution fut étendue à l'égard de nombreuses professions libérales, telles que les experts-comptables[329], avocats[330], généalogistes[331], architectes[332] ou encore agents immobiliers[333] lorsque les honoraires fixés se révèlent « *excessifs au regard des services rendus* », sauf s'ils ont été versés en ayant connaissance du travail effectué et après l'exécution du service[334]. Dans l'agencement de cette étude, le choix a été fait de situer le mécanisme de révision judiciaire des honoraires excessifs au sein du chapitre dédié au simple déséquilibre des prestations, dans la mesure où l'honoraire jugé « *excessif au regard du service rendu* », ne saurait, *a priori,* vider intégralement le contrat de sa substance. Par souci de concision, ont également dû être écartées les réflexions relatives au droit spécial qui autorise par ailleurs la révision judiciaire des honoraires, notamment dans les contrats de prestation de services, comme le prévoit notamment l'avant-projet de réforme du droit des contrats spéciaux[335]. Toutefois, une analyse combinée des dispositions législatives et jurisprudentielles vient renforcer la thèse

---

325 Cass. Civ. 6 mars 1876, D. 76. 1. 193, note Giboulot.

326 Cass. Civ., 29 janv. 1867 : DP 1867, p. 53 ; S. 1867, p. 245

327 VAN DIE VOET (E.) et (G.), « Le pouvoir du juge de réduire le salaire contractuellement fixé de l'agent d'affaires », *mélanges Dabin,* T.II, pp. 911-938.

328 Cass. Req., 12 janv. 1863 : DP 1863, I 302.: le magistrat a « *le droit et le devoir de rechercher le rapport de l'importance des soins, démarches et peines des mandataires, avec l'importance de la rémunération convenue, et de la réduire dans le cas où elle lui paraîtrait excessive* ».

329 Cass. Civ. 1e, 3 juin 1986, n° 85-10486 ; Bull. civ. I, n° 150.

330 Cass.Civ. 1e, 3 mars 1998, n° 95-15799 : Bull. civ. I, n° 85 - Cass. 1e Civ., 7 juill. 1998, n° 96-10387 : Bull. civ. I, n° 237.

331 Cass. Civ. 1e, 5 mai 1998, n° 96-14328 : Defrénois 15 sept. 1998, n° 36860, p. 1042, obs. Delebecque P.

332 Cass. Civ. 1e, 4 juin 1962 : Bull. civ. I, n° 285.

333 Cass. Civ. 1e, 14 janv. 1976 : JCP G 1976, II 18388.

334 Cass. Civ. 2e, 18 sept. 2003, n° 01-16013 : Bull. civ. II, n° 279. Également en ce sens, Cass. 2e Civ., 6 mars 2014, n° 13-14922 : Bull. civ. II, n° 62.

335 À titre d'exemple, L'article 1762 de l'avant-projet de réforme permet au juge de réduire le montant excessif des honoraires au regard de l'ouvrage réalisé, dans les contrats d'entreprise.

soutenue dans cette analyse, à savoir la nécessité de maintenir le pouvoir de révision judiciaire du prix, dont l'indéniable utilité plaide en faveur de sa préservation.

138. **Annonce du plan** - Ce mécanisme, qui constitue une entorse évidente au principe de force obligatoire des contrats[336], n'est nullement envisagé par le nouveau droit des contrats, alors même qu'il a solennellement consacré le principe de la révision pour imprévision[337]. Se pose alors la question de savoir si cette omission implique l'abandon de la solution traditionnelle (A), ou si, au contraire, celle-ci doit subsister en dépit de la lettre de l'article 1165 (B) ce qui, selon l'orientation retenue dans la présente étude, apparaît comme la solution à privilégier.

A. Thèse rejetant la possibilité d'une révision judiciaire d'honoraire

139. **Une réticence fondée sur l'article 1165** - C'est sur le fondement d'une triple justification, qu'une partie de la doctrine exprime des réserves quant à la pérennité du mécanisme de la révision judiciaire d'honoraire[338]. Le premier argument, d'ordre textuel, est tiré du nouvel article 1165 du Code civil, lequel confère au juge le pouvoir d'octroyer à la partie lésée des dommages et intérêts, ou bien de prononcer la résiliation du contrat, en cas de fixation unilatérale abusive du prix dans les contrats de prestation de service, mais ne prévoit nullement la possibilité de la révision d'honoraire excessif. Cet argument apparaît toutefois peu convaincant à la lumière des récentes jurisprudences en la matière, ultérieurement étayées[339].

140. **Une réticence fondée sur l'article 1168 -** Le second argument avancé découle du nouvel article 1168 du Code civil, qui réaffirme le principe d'indifférence de la lésion. Cet argument ne semble pouvoir emporter conviction, pour deux principales raisons. Premièrement, cet article se contente d'écarter la nullité des contrats lésionnaires, ce qui

---

336 BORGHETTI (J-S.), *op. cit.* n°24.

337 Article 1195 du Code civil.

338 REVET (Th.), op. cit. n°78, p.373 : « *La non-codification de la règle prétorienne suggère que le gouvernement a entendu la neutraliser* ». Également en ce sens LATINA (M.), CHANTEPIE (G.), *op. cit.* n°118, p.436.

339 Cf. B « Thèse en faveur de l'admission de la révision judiciaire d'honoraires ».

n'exclut pas la possibilité d'une révision judiciaire des honoraires excessifs. Deuxièmement, on notera que cette question n'est pas nouvelle, puisqu'elle était déjà envisagée au lendemain de la promulgation du Code Napoléon, pareillement silencieux sur ce pouvoir de révision, pourtant admis sous l'Ancien Régime[340]. Ce silence n'empêcha pas la jurisprudence de consacrer la révision judiciaire d'honoraires des décennies durant, alors même que le principe d'indifférence à l'égard de la lésion était déjà solidement ancré, notamment sous l'empire de l'ancien article 1118.

141. **Une réticence fondée sur l'office du juge -** Le dernier argument examiné par la présente étude s'inscrit plus généralement dans la défense de la suprématie de la loi, seule détentrice de la légitimité nécessaire pour sanctionner un manquement. Décider que des solutions *contra legem* peuvent subsister alors que le législateur ne les a pas expressément envisagées « *revient à faire la part trop belle à la jurisprudence* »[341], et doit donc, selon certains auteurs, être rejetées. Cet argument mérite d'être entendu et renvoie en réalité à un débat plus général sur la place du pouvoir créateur, voire normatif du juge. Sans entrer dans de telles considérations, cet argument doit directement être mis en balance avec les impératifs de protection de la partie faible, absolument nécessaires en la matière.

B. Thèse en faveur de l'admission de la révision judiciaire d'honoraires

142. **Le fondement de la raison d'être de cette solution prétorienne -** Une autre partie de la doctrine[342] estime, au contraire, que la révision judiciaire d'honoraires est non seulement admise, mais surtout qu'elle doit être maintenue. Au moyen d'un double argumentaire, la présente étude s'attellera à prendre parti pour cette interprétation. Les fondements strictement textuels étant écartés[343], c'est la raison d'être de cette solution prétorienne qui doit guider le maintien d'une telle mesure. Au premier rang figurent les impératifs

---

[340] VAN DIE VOET (E.) et (G.), *op. cit.* 327.
[341] BORGHETTI (J-S.), *op. cit.* n°24.
[342] GIJSBERS (C.), « La révision du prix », *RDC n°03*, Lextenso, 2017, p. 564.
[343] Cf. « A. Thèse rejetant la possibilité d'une révision judiciaire d'honoraire ».

inhérents à la notion d'équité. « *Le pouvoir exorbitant du juge est tout simplement, dans sa pérennité, l'une des illustrations les plus marquantes de la jurisprudence d'équité* » observait en ce sens le Doyen Cornu[344]. Il semble également envisageable de discerner l'origine d'un tel pouvoir dans la spécificité même du service rendu, dont la valeur ne saurait être immédiatement quantifiée : « *nul ne sait en effet (...) si la mission confiée au professionnel nécessitera pour celui-ci une grande peine et de nombreuses diligences* »[345]. Cette difficulté explique d'ailleurs pourquoi le juge ne peut, en principe, réviser des honoraires fixés par les parties postérieurement à l'accomplissement de la mission[346].

143. **Le fondement jurisprudentiel** - Une récente jurisprudence[347] semble, de surcroît, maintenir le pouvoir de révision des honoraires excessifs attribué au juge. Autorisant, voire imposant, la fixation judiciaire du prix, cette décision paraît confirmer, en creux, l'existence de cette faculté de révision. Après tout, qui peut le plus, peut le moins. Le juge, investi du pouvoir de fixation du prix, devrait logiquement être en mesure de le réviser si d'aventure, ce dernier s'avérait excessif au regard de la prestation effectivement rendue. Il reste que cette décision demeure, pour l'instant, isolée. Il importe donc d'attendre avec intérêt l'orientation que prendront les futures décisions. Quoi qu'il en soit, ce mécanisme devrait être largement préservé en raison des enjeux relatifs à la protection de la partie faible qu'il sous-tend - enjeux qui revêtent, au demeurant, une importance prééminente dès lors qu'un déséquilibre absolu des prestations se manifeste.

---

[344] CORNU (G.), « Réduction judiciaire des honoraires excessifs du conseil en organisation », Note sous CA Rennes 17 avril 1969, *RTD civ.* ,1971, p. 173

[345] GIJSBERS (C.), op. cit. n°340.

[346] Cf. propos introductifs du « §2. La révision judiciaire d'honoraires ».

[347] Cass. Com., 20 sept. 2023, n°21-25386. Pour un commentaire de cette décision, voir ZAFFAGNINI (M.), *op. cit.* n°240.

CHAPITRE SECOND
Le contrôle du prix fortement déséquilibré

144. **Annonce de plan** - Dans un souci de protection des parties, le juge comme le législateur s'efforcent de lutter contre les différentes manifestations du déséquilibre total des prestations, tout en oscillant entre différentes finalités. Nous l'avons vu, la loi ne sanctionne pas tous les déséquilibres. En cas de déséquilibre total des prestations, le contrat peut toutefois être anéanti (Section I) ; sinon, sauvegardé en étant rééquilibré (Section II).

Section I. L'anéantissement du contrat

145.**Annonce de plan** - Le contrôle du prix totalement déséquilibré peut conduire à l'anéantissement du contrat dans son intégralité. Un tel contrôle peut s'opérer à toutes les étapes de la vie contractuelle : lors de sa formation (Paragraphe I), mais également au cours de son exécution (Paragraphe II).

Paragraphe I. Un contrôle au stade de la formation du contrat

146. **Annonce du plan** - Au moment de la formation du contrat, la nullité peut être encourue en cas d'indétermination du prix (A), mais également lorsque celui-ci ne représente qu'une contrepartie illusoire ou dérisoire (B).

A. La nullité pour indétermination du prix

147. **Les fondements de la nullité** - En admettant que le principe de la nécessaire détermination du prix au stade de la formation du contrat, énoncé par l'article 1163 du Code civil, s'applique à la prestation monétaire - position largement adoptée par une partie de la doctrine ainsi que par la présente étude[348]- la sanction classiquement encourue en l'absence de prédétermination du prix est alors la nullité du contrat.

[348] Cf. Chapitre premier, première partie.

C'est précisément en se fondant sur l'ancien modèle de l'objet et de la cause[349], que la jurisprudence estime encore que l'absence d'objet de la prestation est sanctionnée par la nullité de la convention[350]. L'objet de la prestation monétaire étant le prix, cette sanction fait donc de celui-ci un élément essentiel du contrat à titre onéreux, nécessaire à sa validité, qu'il convient de contrôler dès sa formation. Si l'on ne remet nullement en question la légitimité d'une telle sanction, subsiste néanmoins une interrogation quant à la nature de la nullité devant être prononcée.

148. **Réflexions sur la nullité absolue ou relative -** En estimant que la nullité pour défaut d'objet est relative et non absolue, au motif qu'elle tend à protéger des intérêts privés, la jurisprudence[351] applique rigoureusement la théorie moderne des nullités, élaborée par Japiot et Gaudemet au début du siècle dernier, aujourd'hui codifiée à l'article 1179 du Code civil. C'est ainsi le caractère de l'intérêt protégé - et non celui de la gravité du vice - qui permet de déterminer la nature de la nullité[352]. Cependant, dans un souci de protection de la partie faible au contrat, ne devrait-on pas envisager une mutation de cette sanction vers la nullité absolue ? Cette perspective semble d'ailleurs retenue par l'avant-projet de réforme des contrats spéciaux, à propos du contrat de vente[353], permettant à toute personne justifiant d'un intérêt d'invoquer la nullité absolue du contrat. Si, sur le fondement de l'article 1163 du Code civil, l'indétermination totale du prix est sanctionnée par la nullité relative du contrat, la fixation d'une contrepartie illusoire ou dérisoire expose également le contrat à cette sanction.

B. La prohibition d'une contrepartie illusoire ou dérisoire

149. **Présentation** - Selon l'article 1169 du Code civil, « *un contrat à titre onéreux est nul lorsque, au moment de sa formation, la contrepartie convenue au profit de celui qui s'engage est illusoire ou dérisoire* ». L'article 1107 précise à son tour que « *le contrat est à titre*

---

349 Détaillé amplement en introduction.

350 Cass. Com. 24 mai 2016, n°14-25.921

351 Cass. Civ. 3e, 24 janv. 2019 n° 17-25.793. En ce sens, PELLIER (J-D), « Nullité et prescription », *Dalloz Actualité*, 2019. Note sous Civ. 3e, 24 janv. 2019 n° 17-25.793.

352 En ce sens, PELLIER (J-D), *op. cit.* n°351.

353 Cf. Section II, chapitre premier, première partie.

onéreux lorsque chacune des parties reçoit de l'autre un avantage en contrepartie de celui qu'elle procure ». Étant rappelé que le prix est une contrepartie d'ordre pécuniaire, la référence à l'onérosité du contrat semble ainsi y faire directement écho. Sans doute, l'exigence de contrepartie traduit-elle simplement « *l'écume de l'ancienne cause, son épiphénomène* »[354]. L'article 1169 du Code civil garantit en effet l'intérêt des parties au contrat : si la contrepartie est illusoire ou dérisoire, le contrat est alors privé de sa substance. Encore faut-il saisir correctement la portée de ces deux notions.

150.**Notion de contrepartie illusoire ou dérisoire** - Dépassant le simple déséquilibre contractuel[355], deux voies d'interprétation ont pu être envisagées par la doctrine du temps de l'avant-projet de réforme du droit commun des contrats[356]. Dans une conception stricte, la contrepartie pourrait être qualifiée d'illusoire lorsque, quoique présente en apparence au jour de la conclusion du contrat, elle est en réalité dépourvue de toute existence. Tel serait le cas, par exemple, lorsqu'un cocontractant n'est pas titulaire du droit que le contrat a pour objet de transmettre. Dans une conception plus large, la contrepartie pourrait bel et bien exister, mais ne pas présenter l'efficience escomptée par son bénéficiaire lors de la conclusion du contrat. En somme, certains auteurs estiment que sera qualifiée d'illusoire la contrepartie qui ne serait « *ni réelle ni sérieuse* »[357]. Ainsi, dans le cadre d'un contrat de franchise, la contrepartie pourrait être considérée comme illusoire si le franchiseur ne transmet aucun savoir-faire[358]. La contrepartie dérisoire désignerait quant à elle celle qui est tellement faible qu'elle « *confine à l'inexistence* »[359]. Tel est le cas, par exemple, d'une cession de parts dont le prix serait inférieur au revenu annuel des parts cédées[360].

---

[354] LATINA (M.), CHANTEPIE (G.) reprenant, MAZEAUD (D.), BOFFA (R.), BLANC (N.) (dir.), *Dictionnaire du contrat*, LGDJ, 2019, p. 369.

[355] Dijon, 16 juin 2022, n° 21/00070. Metz, 29 sept. 2022, n° 21/00388. Ou encore Paris, 27 oct. 2023, n° 21/11043.

[356] HONTEBEYRIE (A.), « Article 1167 : la contrepartie illusoire ou dérisoire », *RDC - n°03*, Lextenso, 2015.

[357] LATINA (M.), CHANTEPIE (G.), *op. cit.* n°118, p.438.

[358] Cass. Com., 9 oct. 1990, n° 89-13384.

[359] Paris, 3 avril 2014 n° 12/21905.

[360] Cass. Com. 25 avr. 1967, no 63-13.021.

151.**Nullité relative ou absolue ?** - Suivant une logique semblable à celle envisagée pour la nullité en cas d'indétermination du prix [361], la fixation d'une contrepartie illusoire ou dérisoire devrait également entraîner la nullité relative du contrat, conformément à la théorie moderne des nullités. Si la nullité absolue du contrat aurait pu être justifiée au regard de l'atteinte, d'intérêt général, portée à l'utilité économique du contrat[362], la jurisprudence semble néanmoins confirmer que l'absence de cause, à travers le caractère illusoire ou dérisoire de la contrepartie convenue, est sanctionnée par la nullité relative[363]. Dès lors, derrière cette sanction se trouve la protection des seuls intérêts du contractant lésé.

152. **Brève articulation avec le droit de la concurrence** - Le domaine de l'article 1169 du Code civil semble faire écho à celui de l'article L.442-1, I, 1° du Code de commerce lequel sanctionne le fait « *d'obtenir ou de tenter d'obtenir de l'autre partie un avantage ne correspondant à* ***aucune contrepartie ou manifestement disproportionné*** *au regard de la valeur de la contrepartie consentie* ». L'absence de contrepartie de l'article L.442-1, I,1° du Code de commerce ne serait-elle pas susceptible d'être qualifiée d'illusoire au sens de l'article 1169 du Code civil ? De même, la contrepartie dérisoire ne serait-elle pas toujours manifestement disproportionnée ? De telles assimilations feraient naître un véritable conflit de textes. Avancer le fondement de l'article 1169 du Code civil pourrait être un moyen de contourner la sanction plus sévère de l'article L. 442-1, I, 1° du Code de commerce, laquelle, combinée à l'article L. 442-4 du même code permet non seulement d'engager la responsabilité de l'auteur de la pratique, mais également d'ordonner la cessation des pratiques, la nullité des clauses ou contrats illicites et la restitution des avantages indus. Alors que l'article 1169 du Code civil prévoit pour sa part la seule nullité du contrat, un tel contournement pourrait également permettre d'éluder les règles procédurales imposant la saisine des juridictions spécialisées en matière de pratiques restrictives de concurrence[364]. Il ne semble alors que légitime

---

[361] Cf. A. La nullité pour indétermination du prix.

[362] LATINA (M.), CHANTEPIE (G.), *op. cit.* n°118, p.442.

[363] Cass. Civ. 1e, 29 sept. 2004, n°03-10.766 P; Civ. 1e, 9 nov. 1999, nos 97-16.306 et 97-16.800 P.

[364] LATINA (M.), CHANTEPIE (G.), *op. cit.* n°118, p.438.

d'éprouver une vive impatience à l'idée de voir la manière dont la Haute Cour parviendra à articuler ces deux régimes. En outre, si c'est au moment de la formation du contrat que s'apprécie le caractère illusoire ou dérisoire de la contrepartie, justifiant ainsi le prononcé de la nullité, le prix peut faire l'objet d'un contrôle ultérieur, au stade de l'exécution du contrat.

Paragraphe II. Un contrôle au stade de l'exécution du contrat

153. **Annonce** - « *Grever le contrat d'unilatéralité augmente naturellement les risques d'abus dans l'exercice de ces prérogatives* »[365]. Reconnue par la Cour de cassation dans ses célèbres arrêts d'Assemblée plénière de 1995, la fixation unilatérale du prix doit, dès lors, faire l'objet d'un encadrement rigoureux. « *À tout seigneur tout honneur* »[366], ce tour d'horizon des mécanismes de contrôle du prix au stade de l'exécution du contrat s'ouvrira sur l'étude de la fixation unilatérale du prix (A). Le déséquilibre total des prestations peut, en outre, procéder d'un vice du consentement. Seront dès lors examinées les sanctions prévues à cet effet, lesquelles participent pleinement au contrôle réalisé *a posteriori* de la conclusion du contrat (B).

A. La fixation abusive du prix

154. **L'efficacité des sanctions d'abus** - Les articles 1164 et 1165 du Code civil prévoient les sanctions applicables en cas de fixation abusive du prix : la partie lésée peut solliciter l'octroi de dommages et intérêts ou, le cas échéant, la résolution du contrat. L'abus dans l'exercice d'une prérogative unilatérale ne constituant pas, en tant que tel, l'inexécution d'une obligation, ces dernières dispositions ne se réfèrent logiquement pas aux mesures offertes par l'article 1217 du Code civil, prévues à cet effet[367]. Néanmoins, le risque d'abus étant « *consubstantiel à l'unilatéralisme* »[368], il semble tout à fait naturel que le juge puisse intervenir, *a posteriori*, au stade de l'exécution du contrat, afin de contrôler l'usage que le contractant fait de son pouvoir qui lui

---

[365] PAULIN (L.), *op. cit.* n°193, p.83.
[366] BARBIER (H.), *op. cit.* n°194.
[367] GRIMALDI (C.), *op. cit.* n°102.
[368] LATINA (M.), CHANTEPIE (G.), *op. cit.* n°118, p.415.

est confié. Il s'agit là vraisemblablement de l'une des sanctions les plus efficaces instituées par le législateur. Le créancier usant abusivement de son pouvoir de fixation ne s'expose pas seulement à une révision judiciaire du prix. Bien plus comminatoire est la menace d'une résolution judiciaire du contrat, notamment en raison de la nature des contrats concernés : contrats-cadres et contrats de prestation de services s'inscrivent bien souvent dans le dessein d'une relation durable. Outre l'efficacité évidemment recherchée, cette sanction ne révèlerait-elle pas une certaine sévérité de la part du législateur ? Ne serait-il pas plus modéré de limiter la résolution aux seuls contrats d'application ? Ce compromis aurait au moins la vertu de préserver les relations contractuelles tout en répondant aux besoins de justice contractuelle et de protection de la partie faible.

155. **Un contrôle judiciaire du prix limité à son caractère abusif -** Si le contrôle judiciaire du prix fixé unilatéralement est limité à son caractère abusif, les critères de l'abus n'ont pourtant pas été explicitement déterminés par le législateur. La mise en œuvre effective de cette sanction pourrait ainsi se trouver *de facto* fragilisée. En outre, une importante marge de manœuvre sera laissée au juge chargé d'apprécier le caractère abusif du prix. Réfléchissons alors aux critères qui pourraient être utilisés par le juge dans sa classique fonction de contrôle[369]. Selon le Professeur Thibierge, « *il ne faut pas percevoir ici une exhortation à l'angélisme, mais simplement un retour à la notion même d'abus* » [370]. Il serait effectivement illusoire d'attendre du créancier qu'il fasse preuve d'altruisme en faisant passer les intérêts de son partenaire avant les siens.

156. **Les éventuels critères de l'abus** - Premièrement, dans les contrats de prestation de service, l'abus pourrait résulter d'une comparaison entre le prix déterminé et la prestation effectivement réalisée. Un certain nombre d'éléments, tels que la qualité du travail ou encore la réputation du prestataire, son savoir-faire, son ancienneté, pourraient également entrer en considération dans l'appréciation de l'abus. Deuxièmement, dans les contrats-cadres, la référence aux usages, à la loi du marché ou encore aux attentes légitimes des parties

---

[369] Cass. Ass. Plén., 1e déc. 1995, n°91-15.578, n°91-15.999, n°93-13.688, n°91-19.653.
[370] THIBIERGE (L.), *op. cit.* n°219.

pourrait constituer des indices, comme le précisait autrefois le projet de l'article 1163. Les principes du droit européen des contrats, particulièrement l'article 6 :105, qualifient le prix abusif de « *déraisonnable* » [371]. Partant, dans un souci d'harmonisation, une extension de cette interprétation pourrait être envisagée en droit interne. Encore faut-il appréhender avec précision ce que recouvre la notion de prix déraisonnable. En tout état de cause, l'obligation légale de motivation du montant fixé, en cas de contestation, sera très probablement un guide précieux pour le juge investi du contrôle. Enfin, absente des arrêts de 1995, que doit-on entendre par l'incise « *le cas échéant* »[372] ? La fixation abusive du prix ne serait-elle pas toujours suffisamment grave pour entraîner une résolution judiciaire du contrat ? Le choix de la sanction judiciaire dépendrait-il indirectement du degré de gravité de l'abus ? Après avoir défini avec précision la notion, il serait alors bienvenu que le législateur établisse une hiérarchisation entre les divers degrés de gravité de l'abus. Le déséquilibre total des prestations peut également résulter d'un vice du consentement.

B. Une sanction au titre des vices du consentement

157. **Erreur sur la valeur provoquée par un dol** - Si l'erreur sur la valeur d'une prestation ne constitue pas, en principe, une cause de nullité du contrat[373], lorsqu'elle résulte d'un dol, elle est, par exception, susceptible d'entraîner son annulation au titre des vices du consentement. Cette position, déjà envisagée par la jurisprudence avant la réforme[374], se comprend bien : en manifestant une conduite déloyale, l'auteur du dol a provoqué l'erreur de la victime. Son erreur

---

[371] Article 6:105 des principes du droit européen des contrats : *Lorsque le prix ou tout autre élément du contrat doit être déterminé unilatéralement par l'une des parties et que* ***la détermination de celle-ci est manifestement déraisonnable****, un prix ou un autre élément raisonnable lui est substitué, nonobstant toute stipulation contraire* ».

[372] THIBIERGE (L.), *op. cit.* n°219.

[373] Article 1139 du Code civil. V. en ce sens, chapitre premier, seconde partie.

[374] Cass. Com. 17 juin 2008 n°07-15.398 : « *l'erreur du cessionnaire sur la valeur des titres sociaux, dès lors qu'elle a été provoquée par une manœuvre du cédant, peut donner lieu au prononcé de la nullité de l'acte de cession pour dol* ». En ce sens, FAGES (B.), « Provoquée par le dol, l'erreur sur la valeur peut donner lieu au prononcé de la nullité de l'acte », *RTD civ.*, 2008, p.672. Note sous Cass. Com 17 juin 2008 n°07-15.398. Également en ce sens, Cass. Com. 12 mai 2015, n°14-12.473.

ne résulte donc plus seulement d'une mauvaise estimation de sa part, mais bien d'une tromperie de la part de son cocontractant. À ce titre, elle peut être excusable. Bien que l'article ne le précise pas explicitement, l'erreur doit néanmoins avoir été déterminante au consentement de la victime[375]. Autrement dit, sans elle, celle-ci n'aurait pas contracté, ou l'aurait fait à des conditions substantiellement différentes[376]. En son troisième alinéa, l'article 1137 précise que la réticence dolosive sur la valeur ne constitue pas un dol. À ce titre, elle ne peut donc pas être une cause de nullité au titre des vices du consentement. Le dol peut, en ces circonstances, uniquement être caractérisé en cas de manœuvre ou de mensonge. En tout état de cause, le législateur semble, non seulement, consacrer la jurisprudence *Baldus*,[377] dans laquelle la Cour a estimé qu'un acheteur n'avait pas à révéler la valeur d'une prestation à son vendeur, mais il semble par la même occasion, se conformer au deuxième alinéa de l'article 1112-1 du Code civil, lequel ne prévoit pas d'obligation d'information sur la valeur d'une prestation. Mais, si la nullité du contrat peut être encourue en cas d'erreur sur la valeur provoquée par un dol, il en va de même lorsque l'erreur sur la valeur procède d'une erreur sur les qualités essentielles de la prestation.

158. **L'erreur sur la valeur issue d'une erreur sur une qualité essentielle de la prestation** - Déjà longuement analysé[378], l'article 1136 opère une distinction entre l'erreur sur la valeur découlant d'une appréciation économique inexacte, et ne pouvant faire l'objet d'aucune sanction ; de l'erreur sur la valeur liée à une erreur sur les qualités essentielles de la prestation entraînant quant à elle la nullité du contrat pour vice du consentement. À la lumière de l'article 1133, les qualités essentielles de la prestation sont celles « *qui ont été expressément ou tacitement convenues et en considération desquelles les parties ont contracté* ». L'écueil serait alors, pour contourner l'indifférence du prix lésionnaire, d'intégrer systématiquement la valeur aux qualités essentielles de toute prestation. Ainsi, tous les contrats pourraient être annulés en cas de méprise sur celle-ci, créant ainsi une grande insécurité juridique. En ce sens, s'agissant d'une

---

[375] Cass. Com. 7 juin 2011 n°10-13.622.
[376] Article 1130 du Code civil.
[377] Cass. 1e Civ. 3 mai 2000, n° 98-11.381, Publié au bulletin.
[378] Cf. Chapitre premier, seconde partie.

« *cession de parts sociales pour leur valeur nominale, sans commune mesure avec leur valeur objective* », la haute juridiction[379] a pu se contenter de caractériser l'erreur sur une qualité essentielle, sans référence à une quelconque impossibilité de poursuivre l'activité ou de réaliser l'objet social. La valeur n'est pas une qualité essentielle, elle en est, en quelque sorte, une conséquence. Si j'achète un tableau de maître en pensant qu'il a une certaine valeur, et qu'il s'avère ne pas être un tableau de maître, l'erreur sur la valeur est la conséquence directe d'une erreur sur une qualité essentielle. C'est précisément ce cas qui est envisagé par le législateur à l'article 1136. Certes, il existe un lien évident entre les qualités essentielles d'un bien ou d'une prestation et la valeur de celle-ci. Toutefois, assimiler automatiquement ces deux notions ferait courir le risque d'une insécurité juridique considérable. La prudence doit donc présider à l'exercice du contrôle judiciaire de l'erreur.

159. **La violence économique** - L'anéantissement du contrat peut également être prononcé en cas de violence[380]. Premièrement, l'article 1140 du Code civil dispose qu'il y a violence « *lorsqu'une partie s'engage sous la pression d'une contrainte qui lui inspire la crainte d'exposer sa personne, sa fortune ou celles de ses proches à un mal considérable* ». Dans un arrêt du 30 mai 2000[381], la Cour de cassation précise que la contrainte économique se rattache à la violence et non à la lésion, permettant ainsi de prononcer la nullité du contrat ainsi conclu sur le fondement des vices du consentement. Cet arrêt, de longue date établi, n'appelle pas plus de précision. En revanche, l'article 1143 dispose, deuxièmement, qu'il y a également violence *« lorsqu'une partie, abusant de l'état de dépendance dans lequel se trouve son cocontractant à son égard, obtient de lui un engagement qu'il n'aurait pas souscrit en l'absence d'une telle contrainte et en tire un avantage manifestement excessif* ». À la seule lecture de cet article, il faudrait rapporter la preuve d'un état de dépendance, d'un avantage manifestement excessif et d'un abus afin que la nullité soit prononcée. Toutefois, un arrêt rendu le 9 décembre

---

379 Cass. Com., 12 févr. 2008, n° 06-19204

380 Lecture combinée des articles 1130 et 1131 du Code civil.

381 Cass. 1e Civ., 30 mai 2000, n° 98-15242.

2021 par la deuxième chambre civile[382] laisse à penser que seules les deux premières conditions seraient exigées : l'abus découlant nécessairement de la preuve de l'avantage manifestement excessif. « *Si cette approbation de la caractérisation de l'abus par l'avantage excessif s'explique certainement par de simples questions d'opportunité liées aux difficultés probatoires de l'abus autonome* »[383], il n'empêche que l'arrêt semble revenir sur la jurisprudence *Bordas*[384] qui imposait une preuve autonome de l'existence de menaces constitutives d'un abus ! En tout état de cause, quelques réflexions peuvent être apportées concernant le champ d'application de l'état de dépendance et la notion d'avantage manifestement excessif.

160.**La notion d'avantage manifestement excessif** - La notion d'avantage manifestement excessif n'est pas sans rappeler celle du déséquilibre significatif entre les droits et les obligations des parties, bien connue du droit de la consommation[385], mais aussi depuis la réforme, du droit commun des contrats[386]. Toutefois, à la différence de la restriction imposée par le deuxième alinéa de l'article 1171, rien ne permet d'affirmer que l'avantage manifestement disproportionné ne puisse concerner l'objet principal du contrat ou l'adéquation du prix à la prestation. Le contrôle judiciaire du prix s'inscrit ainsi parfaitement dans le cadre de cette disposition.

161. **Le champ d'application de l'état de dépendance** - D'un point de vue strictement terminologique, l'état de dépendance vise « *l'absence d'autonomie du comportement d'une personne par rapport à une autre, résultant de sujétions financières ou autres (psychologique, sentimentale…)* »[387]. Si le rapport au président de la République estime que « *toutes les hypothèses de dépendance sont visées* », une stricte lecture du texte impose pourtant l'exclusion

---

[382] Cass. Civ. 2e, 9 déc. 2021, n° 20-10.096. En ce sens, LATINA (M.) « La preuve d'une dépendance économique et d'un avantage excessif suffit à caractériser un vice de violence », *L'essentiel droit des contrats n°01*, 2022, p. 1. Note sous. Cass. Civ. 2e, 9 déc. 2021, n° 20-10.096.
[383] CHAUSFOIN (A.), « Précisions sur les conditions de la violence économique », *LPA n°04*, Lextenso, 2022, p.52. Note sous Cass. Civ. 2e, 9 déc. 2021, n° 20-10.096.
[384] Cass. 1ère Civ, 3 avril 2002, n° 00-12.932, *Bull. civ.* I, n° 180.
[385] L. 212-1 du Code de la consommation.
[386] Article 1171 du Code civil.
[387] CORNU (G.), *Vocabulaire juridique*, PUF, 14e éd., 2022.

des personnes vulnérables ne se trouvant pas pour autant dans un véritable état de sujétion[388]. Il faudra donc attendre une décision de la Cour de cassation pour connaître l'appréciation qui sera faite de ce critère. Le sort du contrat fortement déséquilibré n'est toutefois pas uniquement cantonné à son anéantissement.

Section II. La sauvegarde du contrat fortement déséquilibré

162. **Annonce** - Le contrat affecté d'un déséquilibre manifeste n'est pas nécessairement voué à l'anéantissement : il peut, dans une logique de préservation du lien contractuel, faire l'objet de mécanismes judiciaires de sauvegarde (Paragraphe I), ou d'une révision conventionnelle du prix (Paragraphe II).

Paragraphe I. Les mécanismes judiciaires de sauvegarde du contrat

163. **Annonce** - Confronté à un contrat entaché d'un déséquilibre manifeste, le juge dispose de deux leviers : il peut, d'une part, neutraliser les clauses qui privent le contrat de sa substance (A); ou, d'autre part, rétablir l'équilibre contractuel par le biais du mécanisme de révision judiciaire des prestations (B)

A. La prohibition des clauses qui vident de leur substance une obligation essentielle

164. **Réflexion sur la raison d'être de la sanction** - Dans la lignée des célèbres arrêts *Chronopost*[389] et *Faurecia*[390], l'article 1170 du Code civil prévoit que « *toute clause qui prive de sa substance l'obligation essentielle du débiteur est réputée non écrite* ». Bien que la clause litigieuse affecte une obligation essentielle, annuler dans son entièreté un contrat pourtant valablement formé serait probablement

[388] LATINA (M.), CHANTEPIE (G.), *op. cit.* n°118, p.280.
[389] Cass. Com., 22 oct. 1996, n° 93-18.632. En ce sens, SERIAUX (A.), « L'affaire Chronopost : arrêt de principe ou accident de parcours ? Variations sur le bon usage de la notion d'obligation esentielle », *Recueil Dalloz*, 1997, p. 12.
[390] Cass. Com. 29 juin 2010, n°09-11.841. En ce sens, MAZEAUD (D.), « Clauses limitatives de réparation, la fin de la saga ? », *Recueil Dalloz*, 2010, p.1832. Note sous Cass. Com. 29 juin 2010, n°09-11.84.

disproportionné. La sanction permettant de réputer non écrite ladite clause semble en ce sens tout à fait cohérente, voire opportune. Sans dresser un inventaire exhaustif des vertus procédurales que pourrait susciter une telle sanction, citons-en une principale : l'imprescriptibilité de l'action[391] ! Le contrat est donc, heureusement, maintenu conformément au deuxième alinéa de l'article 1184, sauf si l'inefficacité de la clause conduit à l'anéantir dans son intégralité pour atteindre ce résultat[392].

165. **Réflexion sur la mise en œuvre de la sanction** - La mise en œuvre du texte dépendra, premièrement, de l'appréciation de l'obligation essentielle du contrat. Cette obligation devrait être entendue comme étant celle qui légitime l'existence même du contrat. Mais, si elle apparaît aisément identifiable dans les contrats nommés, son appréhension devrait indéniablement revêtir une complexité accrue dans le cadre des contrats innomés. Les parties auront donc tout intérêt à l'identifier, lors de la rédaction du contrat, mais surtout, à en préciser la portée. La mise en œuvre du texte dépendra, deuxièmement, de la privation de substance de cette obligation. Il appartiendra donc aux parties de démontrer que la clause en question réduit l'existence de l'obligation essentielle à peau de chagrin. Par exemple, une clause limitative de responsabilité niera la substance de l'obligation essentielle lorsque le montant de l'indemnisation prévu est si bas qu'il devient indifférent pour le débiteur d'exécuter la prestation promise, laquelle est pourtant essentielle au contrat.

166. **Le domaine de l'article 1170** - En visant « *toute clause qui prive de sa substance l'obligation essentielle du débiteur* », l'article 1170 ne cantonne pas le principe à un domaine spécifique. Il est ainsi concevable qu'une clause insérée dans un contrat de bail commercial visant à interdire toute demande de réduction de loyer en cas de travaux nécessaires pour l'usage prévu, puisse être réputée non écrite, considérant qu'elle ne pouvait décharger le bailleur

---

[391] Cass. Civ. 3e, 16 nov. 2023 n° 22-14.091. En ce sens, BARBIER (J-D) et VALADE (S.), « Clause nulle ou réputée non écrite ? Application de la réforme « Pinel » aux baux en cours », *Dalloz Actualité*, 2023. Note sous Cass. Civ. 3e, 16 nov. 2023 n° 22-14.091. Également en ce sens, HÉLAINE (C.), « Clauses abusives : le réputé non écrit est imprescriptible », *Dalloz Actualité*, 2022. Note sous Cass. Civ. 1e, 30 mars 2022 n° 19-17.996.
[392] Cass. Com. 9 juillet 2013 n° 12-21.238.

de son obligation d'entretenir la chose louée en l'état de servir à l'usage auquel elle est destinée[393]. En droit du travail, l'on pourrait également imaginer, un protocole de rupture conventionnelle prévoyant une indemnité au profit du salarié dont le montant est pourtant bien inférieur au minimum légal imposé. Reste qu'il faudra toujours vérifier que le contrat est, effectivement vidé de sa substance[394]. L'annihilation des clauses vidant de leur substance une obligation essentielle n'est toutefois pas le seul moyen de maintenir en vie le contrat fortement déséquilibré.

B. La révision judiciaire du prix pour imprévision

167. **Réflexions sur la place subsidiaire du mécanisme de révision** - Marquant le renversement de la jurisprudence *Canal de Craponne*[395], la révision judiciaire du contrat pour imprévision, consacrée par la réforme de 2016, apparaît comme une cause modératrice de la force obligatoire du contrat[396]. Son contenu, fixé par les parties, peut être judiciairement révisé par le juge si un changement de circonstances, imprévisible lors de sa conclusion, rend l'exécution excessivement onéreuse pour une partie qui n'avait pas accepté d'en assumer le risque. Néanmoins, le législateur ne semble offrir à ce mécanisme qu'une place tout à fait subsidiaire, puisqu'il n'interviendra qu'en cas d'échec de négociation entre les parties. Rien ne semble non plus empêcher une exclusion conventionnelle de l'article 1195 du Code civil, hypothèse récemment confirmée par la Cour d'appel de Paris[397]. En outre, la résolution du contrat, sur le fondement de ce même article, est également envisageable.

168. **Réflexions sur les modalités de révision** - Bien que l'article 1195 du Code civil autorise la révision judiciaire du contrat pour imprévision, il demeure silencieux quant aux modalités selon lesquelles le juge doit accomplir la mission ainsi confiée. À cet égard,

---

[393] Versailles, 11 mai 2023 n°22/05486.
[394] Bourges, 29 octobre 2020 n°18/01429.
[395] Cass. Civ., 6 mars 1876.
[396] Rapport au Président de la République.
[397] Paris, 30 juin 2022, n°21/13216 : « *l'appel à candidatures excluait expressément l'application des dispositions de l'article 1195 du code civil, interdisant ainsi tant à la LFP qu'à l'attributaire de faire valoir un changement de circonstances* ».

les principes du droit européen des contrats, destinés à s'appliquer en tant que règles générales de droit contractuel dans l'Union européenne[398], pourraient offrir quelques indices sur la marche à suivre. L'article 6.111 (3)[399] précise en ce sens que « *faute d'accord des parties dans un délai raisonnable, le tribunal peut* (...) *l'adapter de façon à distribuer équitablement entre les parties les pertes et profits qui résultent du changement de circonstances* ». Référence est donc faite à l'équité. Cette notion, en voie d'expansion en droit européen, vient du latin *aequus*, qui signifie équilibre[400]. La révision judiciaire devrait ainsi permettre aux parties de retrouver la situation d'équilibre dans laquelle elles étaient avant le changement de circonstances. En son dernier alinéa, l'article 1195 précise qu'« *à défaut d'accord dans un délai raisonnable, le juge **peut**, à la demande d'une partie, réviser le contrat ou y mettre fin, à la date et aux conditions qu'il fixe* ». Cela signifie-t-il que juge pourra refuser la révision d'un contrat tout en ayant relevé que les conditions d'application de l'article 1195 sont bien respectées ? Probablement pas. Si le refus de la résolution judiciaire peut se concevoir, l'excessive onérosité n'étant peut-être pas d'une gravité suffisante pour légitimer l'anéantissement total du contrat, le rejet de la révision judiciaire semble directement entrer en contradiction avec la *ratio legis*[401]. En définitive, lorsque le législateur indique que le juge « peut » réviser ou résoudre le contrat, il devra, semble-t-il, à tout le moins, réviser le contrat lorsque les conditions sont réunies.

169. **Réflexions sur le critère d'excessive onérosité -** De nombreux auteurs ont déjà finement et savamment analysé les conditions d'application de l'article 1195. Revenir sur celles-ci ne saurait apporter une grande contribution[402]. Néanmoins, parmi ces conditions, l'interprétation de la notion d'excessive onérosité mérite une attention

---

[398] LANDO (O.), « La contribution française au droit européen du contrat », *RDC*, Lextenso, 2009, p.729.
[399] L'article 6.111 (3) PDEC.
[400] GUINCHARD (S.) (dir.), *Droit processuel. Droits fondamentaux du procès*, 10e éd., Dalloz, 2019, n°614, p. 1096.
[401] REVET (Th.), « Le juge et la révision du contrat », Revue des contrats, Lextenso, 2016, p.373.
[402] En ce sens, STOFFEL-MUNCK (P.), « L'imprévision et la réforme des effets du contrat », *RDC*, Lextenso, 2016, p.32. Également en ce sens, REVET (Th.), *op. cit.* n°401.

toute particulière dans le cadre de cette étude centrée sur le prix en droit des contrats. Visant une *laesio œnormis*[403], c'est-à-dire d'un écart significatif entre ce que les parties ont fourni et reçu, il ne fait nul doute que la notion d'excessive onérosité a vocation à embrasser les hypothèses où le coût d'exécution d'une prestation devient beaucoup plus élevé que le prix initialement prévu[404]. Selon le Professeur Stoffel-Munck, l'exécution du contrat deviendrait onéreuse au sens de l'article 1195 aussitôt qu'elle coûterait plus qu'elle ne rapporte. Il faudrait donc comprendre, dans ce cadre, la notion d'onérosité comme un simple rapport « coût/avantage » négatif[405]. Reste à savoir si le caractère excessif de l'onérosité doit être exclusivement appréhendé de manière objective, au moyen d'une stricte analyse comparative des termes du contrat, ou bien s'il peut également être apprécié de manière subjective, en considération de la situation personnelle du débiteur. Par exemple, suivant ce modèle, il serait plus probable que le caractère excessif de l'onérosité soit plus facilement retenu pour une entreprise en difficulté que pour une entreprise florissante. Toujours empreint de subjectivité, l'on pourrait imaginer que l'appréciation du caractère excessif de l'onérosité puisse varier selon le stade d'exécution du contrat. Par exemple, si l'exécution du contrat est déjà presque arrivée à terme, même si la fin d'exécution est, par une appréciation objective, excessivement onéreuse, elle aurait subjectivement moins de conséquences qu'en début d'exécution. Pour tenter de répondre à cette question, inspirons-nous du raisonnement adopté par les juges concernant la clause pénale. En prenant pour appui ce modèle pour lequel l'appréciation du caractère manifestement excessif résulte, en principe, d'une comparaison objective entre le préjudice subi et le montant de l'indemnité convenue[406], il semble peu probable que le législateur encourage une appréciation subjective. « *Mais il serait*

---

[403] REVET (Th.), *op. cit.* n°401.

[404] Cass. Civ., 6 mars 1876.

[405] STOFFEL-MUNCK (P.), *op. cit.* n°400.

[406] « Caractère manifestement excessif d'une clause pénale : préjudice commercial et préjudice matériel (retard apporté par le cocontractant dans l'exécution de commandes) », *Recueil Dalloz*, 1991, p.39. Note sous : Paris, 21 déc. 1990 : Le caractère manifestement excessif d'une clause pénale ne peut résulter que de la comparaison entre le préjudice effectivement subi et le montant de l'indemnité prévue. Également en ce sens, Com., 4 nov. 2021, n° 15-17.479.

illusoire de penser qu'il y a seulement là affaire de mathématique »[407], estime Monsieur le Doyen Poumarède à propos des clauses pénales, pour lesquelles des considérations subjectives ont pu notamment être retenues par la Cour suprême[408]. Il serait donc opportun que le législateur établisse des critères précis pour l'appréciation du caractère excessif de l'onérosité, par exemple au moyen d'une méthode de calcul, afin de faciliter non seulement la mission d'évaluation du juge, mais permettrait également de prévenir les incertitudes juridiques susceptibles de découler d'une appréciation imprécise. Mais alors que l'admission légale de la révision judiciaire pour imprévision marque un tournant majeur et une distanciation par rapport à la conception classique du contrat exigeant que son contenu résulte d'un accord des parties[409], la révision conventionnelle du prix demeure possible.

Paragraphe II. La révision conventionnelle du prix

170. **Annonce de plan** - En dépit de l'interventionnisme judiciaire consacré par la réforme, les parties conservent toujours la faculté de façonner le contenu de leur contrat, par la voie de stipulations particulières, adaptées spécifiquement à leurs besoins. Parmi celles-ci les clauses d'adaptation du prix en cours d'exécution du contrat occupent une place de choix. Deux mécanismes, particulièrement usités en pratique[410] méritent, à ce titre, une attention particulière : d'une part, les clauses de *hardship* (A) et, d'autre part, les clauses d'indexation (B).

A. Les clauses de *hardship* :

171. **Présentation du mécanisme** - Une autre voie ouverte aux parties pour faire face à d'éventuelles modifications

---

[407] POUMARÈDE (M.), « Chapitre 3226 - Clause pénale », *Dalloz action Droit de la responsabilité et des contrats*, 2023/24.

[408] Cass. Civ. 3e, 8 févr. 2012, n° 10-21.670. HEUGAS-DARRASPEN (H.) « Clause pénale et modalités de non-obtention de prêt immobilier », *RDI*, Dalloz, 2012, p.339.

[409] BORGHETTI (J-S.), *op. cit.* n°24.

[410] MAZEAUD (D.) « Renégocier ne rime pas avec réviser ! », *Recueil Dalloz,* 2007, p.765 : « *En droit interne, ces clauses ont aussi acquis droit de cité, comme en témoignent les travaux qui leur ont été consacrés* ».

des circonstances, notamment lorsque celles-ci sont susceptibles d'induire un fort déséquilibre entre le prix initialement convenu et la valeur effective de la prestation, consiste à prévoir par avance, sur le fondement de la liberté contractuelle, une renégociation des termes du contrat, et particulièrement du prix, suite à la survenance de certains événements spécifiquement prévus. Ainsi, les parties peuvent anticiper, par exemple, la nécessité d'une réévaluation du prix si les circonstances économiques altèrent de manière substantielle la valeur de la prestation. Ce mécanisme conventionnel vise à préserver l'exécution du contrat, dans des conditions pérennes, pour les deux parties, en dépit des bouleversements économiques pouvant survenir. Il s'inscrit dans une logique de prévention des litiges, son objectif étant, selon une formule consacrée, de « *traiter amiablement une difficulté qui s'élève lors de l'exécution du contrat et d'éviter qu'elle ne dégénère en un véritable contentieux* »[411].

172. **Difficultés de mise en œuvre** - « *Contracter c'est prévoir* »[412], dit-on volontiers. Encore faut-il être en mesure d'anticiper avec la précision requise, les circonstances futures susceptibles de rendre le déséquilibre des prestations insupportable, ce qui n'est guère aisé. À cet égard, la généralisation de la révision judiciaire pour imprévision se révèle plus efficiente, en ce qu'elle permet la révision du contrat lorsque tout changement de circonstances, imprévisible lors de sa conclusion, rend l'exécution excessivement onéreuse, tant que celles-ci n'avaient pas été acceptées par les parties. La clause de révision conventionnelle ne saurait, en outre, contraindre la partie bénéficiaire de l'évolution des circonstances à accepter les propositions de son cocontractant. Ainsi, la partie qui se contenterait de maintenir le *statu quo* contractuel n'engagerait sa responsabilité qu'en cas de comportement abusif[413]. Un infléchissement pourrait néanmoins être envisagé à la lumière d'un arrêt rendu par la deuxième chambre civile le 15 mars 2017[414], selon lequel l'obligation de négocier de bonne foi emporte celle de

---

[411] MAZEAUD (D), citant JARROSSON (C.), Les clauses de renégociation, de conciliation et de médiation, *Les principales clauses des contrats conclus entre professionnels*, PUAM, 1990, p. 141 s., spéc. n° 8.

[412] AYNES (L.) citant RIPERT (G.), *La règle morale dans les obligations civiles*, 4e éd. 1949, n° 84.

[413] Cass. Com., 3 oct. 2006, n° 04-13.214. En ce sens, MAZEAUD (D.) *op. cit.* n°410.

[414] Cass. Com., 15 mars 2017, n° 15-16.406. En ce sens, STOFFEL-MUNCK (Ph.), *op. cit.* n°402.

« *proposer des conditions acceptables* » à son partenaire. Toutefois, comment apprécier l'acceptabilité d'une condition pour celui qui fait face à un déséquilibre total des prestations, sinon en modifiant la convention au détriment des intérêts de son cocontractant ?[415]. En outre, que restera-t-il alors, à l'avenir, des clauses de *hardship*, le juge étant désormais habilité à réviser directement le contrat par le jeu de l'article 1195, et ce, en l'absence même d'accord entre les parties dans un délai raisonnable ? Il serait pour le moins paradoxal, aux yeux du Professeur Gijsbers, « *qu'il ne puisse pas contrôler les parties lorsqu'elles procèdent elles-mêmes à la renégociation [du contrat] en application d'une clause de révision conventionnelle. Qui peut le plus ne peut-il pas le moins ?* »[416]. Si cette intervention judiciaire apparaît nécessairement plus avantageuse pour la partie en position de faiblesse, dont la protection est renforcée, elle n'est toutefois pas l'unique moyen d'aménager conventionnellement le contenu du contrat.

B. Les clauses d'indexation

173. **Présentation de la clause** - Selon le *Lexique des termes juridiques* publié aux éditions Dalloz, la clause d'indexation est celle qui permet d'ajuster le montant d'une obligation monétaire selon la variation d'un paramètre objectif : l'indice. Il s'agit donc d'une clause de révision automatique du prix, qui opère de plein droit, sans qu'un nouvel accord des parties ne soit requis.

174.**Réflexions sur la disparition de l'indice** - L'article 1167 envisage l'hypothèse pathologique de la disparition de l'indice, en précisant que « *lorsque le prix ou tout autre élément du contrat doit être déterminé par référence à un indice qui n'existe pas ou a cessé d'exister ou d'être accessible, celui-ci est remplacé par l'indice qui s'en rapproche le plus* ». Cette disposition semble suivre la lettre des PDEC[417], « témoignant *d'une opportune favor contractus* »[418].

---

415 STOFFEL-MUNCK (Ph.), *op. cit.* n°402.
416 GIJSBERS (C.), *op. cit.* n°342.
417 Article 6:109 : « *Lorsque le prix ou tout autre élément du contrat doit être déterminé par référence à un facteur qui n'existe pas ou a cessé d'exister ou d'être accessible, celui-ci est remplacé par le facteur qui s'en rapproche le plus.* »
418 BORGHETTI (J-S.), *op. cit.* n°24.

Plusieurs interrogations parviennent néanmoins. La première tient à l'identification de l'organe compétent pour procéder à la substitution de l'indice. Si l'on s'en tient à l'esprit de la jurisprudence antérieure,[419] l'on peut raisonnablement penser qu'il reviendra au juge, « *serviteur fidèle et respectueux de l'esprit commun des contractants* »[420], d'effectuer ce remplacement. Toutefois, cette hypothèse n'est pas exempte de difficulté compte tenu de la traditionnelle réticence législative à conférer au juge un pouvoir de fixation du prix[421], bien que celle-ci tende à s'étioler[422]. La deuxième interrogation réside dans la marge de manœuvre laissée au juge : peut-il librement choisir un indice de substitution ? En d'autres termes, peut-il suppléer la volonté des parties en leur imposant un paramètre tiers, au nom de la continuité contractuelle ? Mais qui, au fond, se plaindrait de cette « *audace salvatrice* »[423], dès lors qu'elle se met au service du contrat, de son exécution, et plus largement de sa pérennité ?

175. **Réflexions sur le remplacement d'un indice illicite** - Enfin, se pose la question de l'indice qui serait non pas devenu inexistant ou inaccessible, mais illicite, notamment en raison d'un manquement à l'exigence de rapport direct avec l'objet de la convention ou l'activité des parties, exigée par l'article L. 112-2 du Code monétaire et financier. Le juge sera-t-il alors chargé de le remplacer par un indice licite ? Une lecture combinée de la jurisprudence antérieure et des travaux préparatoires de la réforme paraît autoriser une réponse affirmative[424]. Confortant cette interprétation, les sénateurs ont également estimé,

---

[419] Cass. Civ. 3e, 12 janvier 2005, pourvoi n° 03-17.260 « Parce qu'elle a souverainement recherché la commune intention des parties qui avaient stipulé une clause de variation du prix, la Cour d'appel a pu substituer un nouvel indice à l'indice initialement choisi par les contractants et qui, en cours d'exécution du contrat, était devenu indéterminable ».

[420] MAZEAUD (D.), « Clause de variation du prix », *RDC*, Lextenso, 2005, p. 1018. Note sous Cass. Civ. 3e, 12 janv. 2005, n° 03-17.260.

[421] Article 1164 et 1165 du Code civil.

[422] Cass. Com., 20 sept. 2023, n° 21-25.386.

[423] MAZEAUD (D.), *op. cit.* n°420.

[424] Cass. Civ. 3e, 22 juillet 1987, n°84-10.548 : « La cour d'appel, recherchant la commune intention des parties, a souverainement retenu que leur volonté a essentiellement porté sur le principe de l'indexation et que la stipulation du choix de l'indice en constituant une application, il y avait lieu de substituer à l'indice annulé un indice admis par la loi »

à l'occasion de la procédure de ratification, que « *l'article 1167 doit bien être interprété comme incluant l'hypothèse de remplacement d'un indice illicite.* »[425] Reste à voir comment la jurisprudence nouvelle interprètera cette dernière hypothèse.

[425] https://www.senat.fr/rap/l17-022/l17-0228.html

CONCLUSION GÉNÉRALE

En dépit de son apparente simplicité, l'étude du prix en droit des contrats révèle une complexité insoupçonnée. Afin d'assurer la validité des contrats à titre onéreux, le prix doit désormais être déterminé ou déterminable par les parties dès la formation du contrat, l'unilatéralité dans la fixation du prix ne constituant plus qu'une exception pour certains types de contrats. Embrassant une conception volontariste du contrat, cette exigence rompt avec une jurisprudence longtemps établie et marque, à notre sens, une avancée significative dans la protection du contractant en position de faiblesse.

Cette protection se trouve, en outre, considérablement renforcée par les divers mécanismes de contrôle du prix instaurés par le législateur, lesquels couvrent l'ensemble du cycle de vie contractuel. La diversité de ces instruments témoigne de la volonté croissante de prévenir les déséquilibres manifestes, qu'ils affectent la formation ou l'exécution du contrat. Le juge se voit alors confier un rôle central dans la préservation de cette justice contractuelle : à travers l'activation de sanctions spécifiques, il peut, dans certaines hypothèses, réviser le contenu du contrat ou prononcer son anéantissement lorsque les conditions de validité font défaut. Ce pouvoir d'intervention, bien que circonscrit, constitue un garde-fou essentiel contre les abus liés à la détermination ou à l'exécution du prix. Le prix, véritable « *porte-étendard de l'autonomie de la volonté* »[426], nécessite, à ce titre, un contrôle rigoureux. En somme, cette recherche révèle une dynamique jurisprudentielle et législative visant à concilier l'autonomie de la volonté avec une protection accrue des contractants, illustrant ainsi une évolution salutaire et nécessaire du droit des contrats dans un souci constant de justice et d'équité.

[426] THIOYE (M.), *op. cit.* n°1, p.41.

BIBLIOGRAPHIE

Ouvrages généraux et historiques

A -

- ALLAND (D.), RIALS (S.), Dictionnaire de la culture juridique, Lamy, PUF, 2003.

B -

- BENABENT (A.), Droit des contrats spéciaux civils et commerciaux, Lextenso, 2021.
- BUCHER (C-E.), DAILLANT (M-A.), La réforme du droit des contrats spéciaux, Dalloz, 2023.
- BUGNET (M.), Oeuvres de Pothier, Vol. 3, Paris, 1847, p.9.

C -

- CERQUEIRA (G.), MONTEILLET (V.), L'avant-projet de réforme du droit des contrats spéciaux, Société de législation comparée, collection méthodologie comparée du droit civil, 2023.
- CHÉNÉDÉ (F.), Droit des obligations et des contrats, Dalloz référence, 3e éd., 2023/2024, pp.78 et s.
- CORNU (G.), Vocabulaire juridique, PUF, 14e éd., 2022.
- COHET (F.), Le contrat, Presses universitaires de Grenoble, 2020.

E -

- ELGOZY (G.), L'esprit des mots ou l'antidictionnaire, Gallimard, Paris, 1981.

F -

- FLOUR (J.), AUBERT (JL.), SAVAUX (E.), Droit civil. Les obligations. L'acte juridique, Sirey, 17e éd., 2022, p. 478.

G -

- GHESTIN (J.), LOISEAU (G.), SERINET (Y.-M.), La formation du contrat, Lextenso, 4e. éd, Tome 2, 2013, pp.95 et s.
- GUINCHARD (S.) (dir.), Droit processuel. Droits fondamentaux du procès, 10e éd., Dalloz, 2019, n°614, p. 1096.

- GUINCHARD (S). et DEBARD (T.) (dir.), Lexique des termes juridiques, Dalloz, 31e éd., 2023-2024.
- GORLIER (V.), Le droit des contrats spéciaux, Ellipses, 2021.

J -

- JESTAZ (P.), “L’évolution du droit des contrats spéciaux dans la loi depuis 1945”, in l’évolution contemporaine du droit des contrats, Paris, PUF, 1986.

L -

- LACHIÈZE (C.), Droit des contrats, Ellipses, 5e éd., 2020.
- LARDEUX (G.), L'efficacité du contrat, Dalloz, 1e éd., 2011.
- LATINA (M.), CHANTEPIE (G.), Le nouveau droit des obligations, Dalloz, 3e éd., 2024.
- LE TOURNEAU (Ph.), Contrats du numérique, informatiques et électroniques, Dalloz Référence, 2022-23, 12e éd.

M -

- MACQUERON (J.), Histoire du droit des obligations, le droit romain, Publications du centre d'histoire institutionnelle et économique de l'antiquité romaine, série mémoires et travaux, n°1, 1971.
- MALAURIE (PH), AYNES (L.) ET STOFFEL-MUNCK (P.), Droit des obligations, 11e éd., LGDJ, 2020, p. 298
- MALAURIE (P.), AYNÈS (L.), GAUTIER (PY.), Droit des contrats spéciaux, 8e éd., LGDJ, 2016.
- MAZERES (J-A.), Réflexions sur une réédition : les « Principes de droit public » de Maurice Hauriou,
- MAZEAUD (D.), L’avenir du droit : mélanges en hommage à François Terré, Dalloz, PUF, édition du juris-classeur, 1999, p.603.
- MAZEAUD (D.) mis à jour par LATINA (M.), Répertoire de droit civil, Dalloz, 2023.
- MAZEAUD (D.), BOFFA (R.), BLANC (N.) (dir.), Dictionnaire du contrat, LJDJ, 2019.

P -

- PORCHY-SIMON (S.), Droit des obligations, Dalloz, 2024, pp. 138- 140.

- POUMARÈDE (M.), « Chapitre 3226 - Clause pénale », Dalloz action Droit de la responsabilité et des contrats, 2023/24.
- POTHIER (RJ.), Traité du contrat de vente selon les règles tant du for de la conscience que du for extérieur, Tome I, 1762, p.18.

S -

- SEUBE (J-B.), « Les conditions de validité du contrat : le contenu et la forme du contrat », UNJF, 2023.

T -

- TERRE (F.), SIMLER (Ph.), LEQUETTE (Y.), Droit civil, les obligations, Dalloz, 13e édition, 2022.

V -

- VAN DIE VOET (E.) et (G.), « Le pouvoir du juge de réduire le salaire contractuellement fixé de l'agent d'affaires », mélanges Dabin, T.II, pp. 911-938.

<u>Mémoires, monographies et thèses</u>

D -

- DANTZER (T.), « Essai sur la contrepartie en droit des contrats », Thèse de Doctorat, Aix-Marseille Université, 2022.

F -

- FABRE-MAGNAN (M.), « L'obligation de motivation en droit des contrats », Le contrat au début du XXIe siècle. Études offertes à J. Ghestin, 2001, LGDJ, p. 301.

G -

- GHERBI (A.), « Le prix du contrat », Thèse de Doctorat, Université de Strasbourg, 2011.
- GOUGEON (A.), « L'intervention du tiers à la formation du contrat ». Thèse de Doctorat, Université du Droit et de la Santé, Lille II, 2016.
- GOUNOT (E.), Le principe de l'autonomie de la volonté, Thèse de Doctorat, Université de Dijon, 1912, p.355.

L -

- LEHMAN (C.), « Essai sur le prix et la valeur en droit des contrats », Thèse Université Paris-Saclay, 2022.

M -

- MUGGEO (M-A), « L'équilibre contractuel », Mémoire Université de Toulon, 2017.

P -

- PAULIN (L.), « L'unilatéralisme dans le contrat », Mémoire de Master II, IFR Université Toulouse 1 capitole, 2018.

T -

- THIOYE (M.), « Recherches sur la conception du prix dans les contrats », Thèse Université d'Aix-Marseille, 2004.

<u>Chroniques et articles de doctrine</u>

A-

- ASSELAIN (M.), « L'obligation de détermination du prix dans les contrats de distribution », LPA n°81, Lextenso,1996, p.27.
- AUBERT DE VINCELLES (C.), « Article 1163 : la fixation unilatérale du prix », Revue des contrats n°03, 2015, p.752.
- AYNÈS (L.), « Le contrat, loi des parties », Cahiers du Conseil Constitutionnel n° 17, 2005.
- AYNÈS (L.), « Rapport introductif », Revue des contrats n°1, 2010.
- AYNÈS (L.), « Indétermination du prix dans les contrats de distribution : comment sortir de l'impasse ?», Recueil Dalloz, 1991, p. 25.
- AYNÈS (L.), « Le juge et le contrat : nouveaux rôles ? », Revue des contrats - n°Hors-série, Lextenso, 2016, p. 14.

B -

- BARBIER (H.), « L'exécution et la sortie du contrat », Revue des contrats, Lextenso, n°Hors-serie, 2018, p.40.

- BARBIER (H.), « La traque judiciaire des abus de prérogatives unilatérales, jusqu'aux plus dissimulés », RTD civ., Dalloz, 2015, p. 123.
- BARRET (O.), BRUN (P.), « Vente : formation », Répertoire de droit civil, Dalloz, 2019.
- BÉNABENT (A.), « Les difficultés de la recodification : les contrats spéciaux », Livre du bicentenaire du code civil, Paris, Dalloz, 2004, p.251.
- BORGHETTI (J-S.), « Fixation et révision du prix », RDC 2018, Lextenso, 2018, p.25.
- BOISMAIN (C.), « Précision sur la notion de prix déterminable », LPA, Lextenso, 2006, p. 9.
- BOUBLI (B.), « Contrat d'entreprise – Définition et nature », RDC, Dalloz, 2016.
- BOURGEON (Ch.), « L'indétermination du prix : les apports économiques », RTD Com., Dalloz, 1997.
- BOULOGNE-YANG-TING (C.), « Validité d'un bail à construction consenti par une société d'attribution », Recueil Dalloz, 2006, p.2082.

C -

- CHANTEPIE (G.), « La notion d'équilibre du contrat », Actes du Colloque Lille du 24 juin 2016, Loyers et Copropriété n° 10, Dossier N°6, 2016.
- CHANTEPIE (G.), « Sanction par la nullité absolue de la vente consentie sans prix sérieux », Recueil Dalloz, p.954, 2008.
- CHANTEPIE (G.), « Article 1170 : la lésion », RDC n°03, Lextenso, 2015, p. 763.
- CHAUVIRÉ (P.), « Le transfert de propriété dans la vente dans l'avant-projet de réforme du droit des contrats spéciaux », RDC n°03, Lextenso, 2020, p. 158.
- CHANTEPIE (G.), « Avant-projet de réforme des contrats spéciaux : sources et inspirations », Le droit en débats, Dalloz Actualité, 2022.
- CHÉNÉDÉ (F.), « La réduction du prix », RDC - n°03, Lextenso, 2017, p.571.
- CHEVRIER (E.), « La libre négociabilité n'exclut pas un contrôle judiciaire du prix », Dalloz Actualité, 2017.

• CORMIER (M.), « Détermination du prix dans les contrats : la guerre entre la règle (relativement) générale et les règles particulières à certains contrats aura bien lieu ! », Gazette du Palais - n°37, Lextenso, 2023, p. 16.

D -

• DE LAMMERVILLE (D.), NUSSENBAUM (M.), KIRILOWITS (N.), « Contrôle judiciaire du prix : les propositions du Club des juristes », Actu-juridique, Lexenso, 2021.

• DISSAUX (N.), « Les mystères du contrat cadre », AJ Contrat, Dalloz, 2017, p. 104.

F -

• FRISON-ROCHE (M-A), « De l'abandon du carcan de l'indétermination du prix », RJDA, 1996, p. 3.

• FRISON-ROCHE (M-A.), « Qu'est-ce qu'un prix en droit ? du droit des contrats au droit de la régulation », Mélanges Fernand-Charles Jeantet, LexisNexis, Paris, 2010.

G -

• GHESTIN (J.), « Réflexions sur le domaine et le fondement de la nullité pour indétermination du prix », Recueil Dalloz, 1993. p. 251.

• GRIGNON (P.), « Prix », Répertoire de droit commercial, Dalloz, 2016.

• GRIMALDI (C.) GIJSBERS (C.) CHÉNEDÉ (F.) MAZEAUD (D.), « Le prix dans les contrats après la réforme », RDC n°3, Lextenso, 2017, p 555.

• GRIMALDI (C.), « La fixation du prix », RDC n°03, Lextenso, p.558, 2017.

• GRIMALDI (C.), « Les limites à la libre détermination du contenu du contrat dans le nouveau droit des contrats », LPA, Lextenso, 2016, p.6.

• GRIMALDI (C.), « Le prix dans les contrats après la réforme ». RDC, Lextenso, 2017, p. 557.

• GIJSBERS (C.), « La révision du prix », RDC n°03, Lextenso, 2017, p. 564.

H -

- HERVIEU (M.), « Point sur le prix du contrat », Dalloz-Actualité, 2024.
- HENRY (X.), « Le contrôle du prix par le juge fondé sur l'interdiction de la soumission à un déséquilibre significatif entre les parties : beaucoup de bruit pour rien ? », RJDA, Dalloz, 2019.
- HILGER (G.), « La fixation unilatérale du prix dans la réforme du droit des contrats : une évolution en demi-teinte », Lextenso Actu-juridique, 2018.
- HONTEBEYRIE (A.), « Article 1167 : la contrepartie illusoire ou dérisoire », RDC - n°03, Lextenso, 2015.
- HOUTCIEFF (D.), « Le juge et les pouvoirs unilatéraux du contractant », Gazette du palais, Lextenso, 2023, p. 6.
- HUET (J.), « Offre de réforme du droit des contrats spéciaux - Réflexions critiques sur le recours à la notion de « prestation de service » au détriment de celle de « travail indépendant », RDC n°03, Lextenso, 2020, p.186.

J -

- JEOL (M.), « Le contenu juridique des décisions du 1er décembre 1995 », RTD Com., Dalloz 1997, p.1.

K -

- KAHN (C.), « Fixation du prix dans le contrat conclu avec un expert-comptable : droit spécial des contrats de prestation de service ou régime sur-spécial ? », LPA n°12, Lextenso, 2023, p.38.

L -

- LANDO (O.), « La contribution française au droit européen du contrat », RDC, Lextenso, 2009, p.729.
- LARDEUX (G.), « Le contrat de prestation de service dans les nouvelles dispositions du code civil », Recueil Dalloz, 2016, p.1659.
- LATINA (M.), « Avant-projet de réforme des contrats spéciaux : droit commun et règles supplétives », Dalloz Actualité, 2022.
- LATINA (M.), « Avant-projet de réforme du droit des contrats spéciaux : le transfert de propriété dans la vente », Dalloz Actualité, 2022.
- LATINA (M.), « Avant-projet de réforme du droit des contrats spéciaux : la structure », Le droit en débats, Dalloz Actualité, 2022.

- LATINA (M.), « La protection constitutionnelle de la liberté contractuelle », Dalloz Actualité, 2013.
- LATINA (M.), « Contrat : généralités », Répertoire de droit civil, Dalloz, 2017.
- LEVENEUR-AZÉMAR (M.), « Observations sur le contrat d'entreprise dans l'avant-projet de réforme du droit des contrats spéciaux », RDC n°3, Lextenso, 2022.

M -

- MAIRE (G.), « Le contrat de mandat (n°4522) », Lexis 360, 2023.
- MALAURIE (Ph.), « L'indétermination du prix dans les contrats de concession », Rev. conc. et consomm., Dalloz, n° 83, 1995.
- MAZEAUD (D.), « Propos conclusifs », RDC - n°03, Lextenso, 2017, p.577.
- MAUDET-BENDAHAN (M.), « La relative reconnaissance de l'erreur sur la valeur », LPA n°10, 2023, p.35.
- MEKKI (M.), « L'ordonnance n° 2016-131 du 10 février 2016 portant réforme du droit des contrats, du régime général et de la preuve des obligations », Recueil Dalloz, 2016, p. 494.
- MEKKI (M.), « Le juge et les remèdes à l'inexécution du contrat », RDC - n°02, Lextenso, 2016, p. 400.
- MÉNAR (B.), « La fixation du prix dans les contrats de prestation de service à la lumière de l'avant-projet de réforme des contrats spéciaux », RTD. civ. n°2, Dalloz, 2019, p. 263.
- MESTRE (J.), « Nouvelle zone de turbulence pour l'article 1129 du code civil », RTD civ., Dalloz, 1991, p.322.
- MESTRE (J.), « Feu l'article 1129 sur le terrain du prix », RTD Civ., Dalloz, 1996, p.153.
- MESTRE (J.), « Vers une nouvelle lecture de l'article 1129 du code civil ? » RTD Civ., Daloz, p.358.
- MESTRE (J.), « De l'exigence d'un prix déterminable au regard de l'article 1129 du Code civil », RTD civ., Dalloz, 1987, pp.94-102.
- MOLFESSIS (N.), « Le rôle du juge en cas d'imprévision dans la réforme du droit des contrats », JCP, LexisNexis, 2015, n° 52, p.1415.
- MOURY (J.), « Retour sur le prix : le champ de l'article 1163, alinéa 2, du Code civil », Recueil Dalloz, 2017, p.1209.

• MOREIL (S.), « Avant-projet de réforme du droit des contrats spéciaux : le contrat d'entreprise - Présentation générale », Dalloz Actualité, 2022.

P -

• PETERKA (N.), « La lésion dans les contrats passés par les mineurs et les majeurs protégés », Actualité juridique Contrats d'affaires : concurrence, distribution, Dalloz, 2018, p.107.
• PINAT (C-S), « La constitutionnalité du contrôle judiciaire des prix en matière de pratiques restrictives de concurrence », Dalloz Actualité, 2018.
• PUIG (P.), « L'autorité des rapports relatifs aux ordonnances », RTD civ., Dalloz, 2017, p.84.
• PIETTE (G.), « Réforme du droit des contrats et des obligations : la réduction du prix en droit des contrats spéciaux... ou le leurre et l'argent du leurre ? », La lettre juridique, 2016.

Q -

• QUIROGA-GALDO (J.), « Clauses abusives : la Cour de cassation prend position sur l'articulation de l'article 1171 du Code civil avec les dispositifs spéciaux », Actu-juridique, Lextenso, 2022.

R -

• REVET (T.), « La détermination du prix : les apports au droit des relations de dépendance », RTD Com., Dalloz, 1997 p.37.
• REVET (Th.), « Le juge et la révision du contrat », RDC, Lextenso, 2016, p.373.
• ROUVIÈRE (F.), « De la cause vers les motifs : d'autres mots pour les mêmes concepts ? », RTD, 2021, p. 263.

S -

• SIMLER (Ph.), « La détermination du prix : rapport de synthèse », RTD Com., Dalloz, 1997, p.75.
• STOFFEL-MUNCK (P.), « L'imprévision et la réforme des effets du contrat », RDC, Lextenso, 2016, p.32.
• STOFFEL-MUNCK (P.), « Le devoir de renégociation du contrat : et après ? », RDC, Lextenso, 2021, p.173.
• STRICKLER (Y.), « La protection de la partie faible en droit civil », LPA - n°213, Lextenso, 2004, p.6.

F-

- FERRIER (D.), « La détermination du prix : les apports au droit commun des obligations », RTD Com., Dalloz, 1997 p.49.
- FRISON-ROCHE (M-A), « L'indétermination du prix », RTD civ, Dalloz, 1992.

T -

- TALON (D.), « Le surprenant réveil de l'obligation de donner », Recueil Dalloz ,1992 p.67.
- THIBIERGE (L.), « Les effets du contrat », AJ Contrat, Dalloz, 2018, p.4.

W -

- WITZ (C.), « Le juge et la révision du contrat : vision du droit français », LPA, Lextenso, 2018, p.10.

Z -

- ZAFFAGNINI (M.), « Avant-projet de réforme du droit des contrats spéciaux : le prix dans la vente », Dalloz Actualité, 2022.

Commentaires, observations et notes sous arrêts

A -

- AYNES (L.), « Le contrat, loi des parties », Cahiers du Conseil Constitutionnel n° 17 (dossier : loi et contrat), 2005.

B -

BARBIER (J-D) et VALADE (S.), « Clause nulle ou réputée non écrite ? Application de la réforme « Pinel » aux baux en cours », Dalloz Actualité, 2023. Note sous Cass. Civ. 3e, 16 nov. 2023 n° 22-14.091.

BUREAU (D.), MOLFESSIS (N.), « Les arrêts de l'assemblée plenière de la Cour de cassation en matière de détermination du prix dans les contrats », LPA - n°155, Lextenso, p.11, 1995. Note sous Cass. Ass. Plén. (4 arrêts) 1er décembre 1995,

C -

- CARTIER-FRENOIS (M.), « Le défaut d'information, une faute non dolosive », Recueil Dalloz, 2011, p. 2579. Note sous Cass. Com. 7 juin 2011, n° 10-13.622.
- CHAFFOIS (B.), « La clause fixant les honoraires d'un avocat sur la base d'un tarif horaire, sans autre précision, n'est ni claire ni compréhensible », CJUE, 12 janvier 2023, D.V. contre M.A., affaire C-395/21 n° 21-10.739.
- CHAUSFOIN (A.), « Précisions sur les conditions de la violence économique », LPA n°04, Lextenso, 2022, p.52. Note sous Cass. 2e civ., 9 déc. 2021, no 20-10096, PB.
- CHAZAL (JP), «Le consentement n'est pas vicié de violence par la seule dépendance économique inhérente au statut salarial », Recueil Dalloz, 2002, p. 1862. Note sous Cass. 1re civ., 3 avr. 2003, n° 00-12932.
- CORNU (G.), « Réduction judiciaire des honoraires excessifs du conseil en organisation », Note sous CA Rennes 17 avril 1969, RTD civ., Dalloz, 1971, p. 173.

M -

- MAZEAUD (D.), « Renégocier ne rime pas avec réviser ! », Recueil Dalloz, 2007, p.765. Note sous Cass. com., 15 mars 2017, n° 15-16406.

F -

- FAGES (B.), « Provoquée par le dol, l'erreur sur la valeur peut donner lieu au prononcé de la nullité de l'acte », RTD civ., Dalloz, 2008, p.672. Note sous Cass. Com 17 juin 2008 n°07-15.398.
- FENOUILLET (D.), « Après le chaud, le froid : une jurisprudence glaciale souffle sur les consommateurs d'installations photovoltaïques ! », RDC - n°01, Lextenso, 2021, p.102. Note sous Cass. Civ. 1e 21 oct. 2020, n° 18-26.761.

G -

- GRIMALDI (C.), « La singulière erreur sur la rentabilité », RDC - n°01, Lextenso, 2021, p.78. Note sous, Cass. Com., 10 juin 2020 n°18-21.536.

H -

- HAMELIN (J.F.), « Franchise et contrat de prestation de services, attention au double emploi », L'essentiel Droit de la distribution et de la concurrence n°08. p 2. 2022. Note sous Cass. com., 1er juin 2022, n° 20-19010.
- HÉLAINE (C.), « Faut-il appliquer la fixation unilatérale du prix de l'article 1165 aux missions de l'expert-comptable ? », Dalloz actualité, 2023. Note sous Cass. Com. 20 sept. 2023, n°21-25.386.
- HÉLAINE (C.), « Clauses abusives : le réputé non écrit est imprescriptible », Dalloz Actualité, 2022. Note sous Cass. Civ. 1re, 30 mars 2022 n° 19-17.996.
- HERVIEU (M.), « Révision judiciaire de la clause pénale : constance et rigueur du contrôle des motifs par la Cour de cassation », Dalloz Actualité, 2021. Note sous Cass. Com., 4 nov. 2021, n° 15-17.479.
- HEUGAS-DARRASPEN (H.), « Clause pénale et modalités de non-obtention de prêt immobilier », RDI, Dalloz, 2012, p.339. Note sous Cass. 3e civ., 8 févr. 2012, n° 10-21.670.
- HOUTCIEFF (D.), « La réduction du prix ou le miroir de l'exécution par équivalent », Gaz. Pal,. 2023, p. 6. Note sous CA Nîmes, 1e ch., 10 nov. 2022, n° 21/03467.
- HOUIN (R.), note sous Cass. Com. 11 oct. 1978 n°77-11.624, Recueil Dalloz Sirey, 1979, p.137.

L -

- LATINA (M.) « La preuve d'une dépendance économique et d'un avantage excessif suffit à caractériser un vice de violence », L'essentiel droit des contrats n°01, 2022, p. 1. Note sous. Cass. 2e civ., 9 déc. 2021, n° 20-10096.

M -

- MALAURIE (Ph.), « Distinction entre concession exclusive et contrats de vente successifs quant à l'obligation de détermination du prix de vente », Recueil Dalloz, 1991, p.175. Note sous Cass. Com., 22 janv. 1991 n° 88-15.961.
- MALAURIE (Ph.), « Nullité d'une convention de distribution de matériel pour indétermination des prix : recherche si les stipulations du contrat comportent essentiellement des obligations de faire ou au contraire essentiellement des obligations de donner »,

Recueil Dalloz, 1991, p. 501. Note sous Cass. Com. 2 juill. 1991 n° 89-19.247.

- MAZEAUD (D.), « Clauses limitatives de réparation, la fin de la saga ? », Recueil Dalloz, 2010, p.1832. Note sous Cass. Com. 29 juin 2010, n°09-11.84.
- MAZEAUD (D.), « Clause de variation du prix », RDC, Lextenso, 2005, p. 1018. Note sous Cass. civ. 3e, 12 janv. 2005, n° 03-17260.

P -

- PELLIER (J-D), « Nullité et prescription », Dalloz Actualité, 2019. Note sous Civ. 3e, 24 janv. 2019 n° 17-25.793

Q -

- QUIROGA-GALDO (J.), « Clauses abusives : la Cour de cassation prend position sur l'articulation de l'article 1171 du Code civil avec les dispositifs spéciaux », Actu-juridique, Lextenso, 2022. Note sous Cass. com., 26 janv. 2022, n° 20-16782.

S -

- SERIAUX (A.), « L'affaire Chronopost : arrêt de principe ou accident de parcours ? Variations sur le bon usage de la notion d'obligation esentielle », Recueil Dalloz, 1997, p. 12. Note sous Cass. Com., 22 oct. 1996, n° 93-18.632.
- STOFFEL-MUNCK (Ph.), « Quand le devoir de renégocier impose de faire des contre-propositions acceptables », RDC, Lextenso, 2018, p.21. Note sous Cass. com., 15 mars 2017, n° 15-16406.

Z -

- ZAFFAGNINI (M.), « La fixation unilatérale du prix par l'expert-comptable ou le déclin de l'article 1165 du Code civil », L'essentiel Droit des contrats - n°10, Lextenso, 2023, p. 3. Note sous Cass. Com. 20 sept. 2023, n°21-25.386.
- ZAFFAGNINI (M.), « Les nouveaux contours de l'exécution forcée et de la réduction du prix », Gazette du Palais - n°6, Lextenso, 2025, p. 25. Note sous Cass. 1re civ., 18 déc. 2024, no 24-14750, FS–B.

INDEX

TABLE DES MATIERES

Liste complète des parutions de la collection

Justice et littérature. Nos gloires littéraires et leurs juges. De Chateaubriand à Zola, Marcel Foulon, 2021.

La responsabilité pénale du chef d'entreprise, Victoria Ligny, 2021.

Émotion et sciences. Interactions (dir. Yves Strickler, Marc Ortolani et Jean-Sylvestre Bergé),. 2021.

L'action civile en droit pénal des affaires (dir. Coralie Ambroise-Castérot), 2021.

Les juridictions au cœur des interactions sociales. Approche franco-russe (dir. Xavier Latour et Anne-Sophie Siew-Guillemin), 2021.

Le renouveau du droit des obligations. Perspectives franco-japonaises (dir. Gaël Chantepie, Mathias Latina, Aya Ohsawa), 2020.

Le droit et la science politique à l'épreuve des crises du XXIe siècle (dir. Nils Monnerie et Cloé Ponzo), 2020.

Nouvelles procédures civiles, nouvelles pratiques professionnelles ? Bilan et perspectives (dir. Natalie Fricero et Marie-Cécile Lasserre), 2020.

Équilibre(s) et déséquilibres(s) en droit : regards croisés Droit et Gestion (dir. Anne-Sophie Siew-Guillemin, Alexandra Baile, Cédric Chapelle, Caroline Fabre), 2020.

Les difficultés des petites entreprises : regards croisés Droit et Gestion (dir. Gulsen Yildirim et Alain Rivet.), 2020.

Les sanctions de l'inexécution après la réforme du droit des contrats, Louise Bottin, 2020.

Presse et procès pénal (dir. Christine Courtin, Fabienne Ghelfi et Cédric Porteron), 2020.

Université et prétoire, Mélanges en l'honneur de Monsieur le Professeur Claude LIENHARD (dir. Isabelle Corpart, Caroline Lacroix et Marie-France Steinlé-Feuerbach), 2020.

Défiance, doute, incertitude : quelle place pour la notion de confiance dans les sociétés modernes ? (dir. Julie Tribolo), 2019.

L'enfant à l'épreuve de la séparation parentale (dir. Laetitia Antonini-Cochin et Marie-Cécile Lasserre), 2019.

Les grands principes des répartitions dans les procédures collectives, Maxence Guastella, 2019.

La cession de dette, Jean-Baptiste Bottin, 2019.

Déclaration des droits de l'homme et du citoyen. Postérité et actualité (dir. Jimmy Meersman et Rémi Puigventos), 2019.

Médiation et entreprises. Regards croisés Droit et Gestion (dir. Gulsen Yildirim, Isabelle Sauviat et Romain Dumas), 2019.

La procédure (dir. Joanna Genovese et Giovanna Debernardi), octobre 2018, 138 pp

Techniques de critique d'une décision « définitive ». Imprécision sémantique

et pérennité des décisions de justice en procédure civile, Tennessee Caen, juin 2018, 160 pp
Réforme de la prescription pénale (dir Ch. Courtin et J.-R. Demarchi), juin 2018, 154 pp
Droit des sociétés et procédures collectives (dir. Laurence-C. Henry), janv. 2018, 207 pp
Le concept d'arbitrage (dir. Camille Leroy et Loïc Yboud), décembre 2017, 221 pp
Procédure civile et nouvelles technologies, Delphine de Lorgeril, septembre 2017, 164 pp
Mélanges en l'honneur du Doyen Roger Bernardini, « Parcours pénal » (dir. Christine Courtin, Marc Dalloz, Fabienne Ghelfi, Jean-François Renucci), mars 2017, 313 pp
Victor Hugo et les magistrats, Marcel Foulon, octobre 2016, 198 pp
Variations juridiques et sociologiques - Regards experts sur les grandes mutations du droit (dir. Marc Dalloz), septembre 2016, 141 pp
De la mobilisation du fait à la réalisation du droit (dir. M. Lei et L. Yboud), 2016, 225 pp
Les enjeux patrimoniaux de la séparation - Questions récurrentes (dir. Laetitia Antonini-Cochin), juillet 2016, 112 pp
Les aspects procéduraux du dessaisissement, Benjamin Ferrari, février 2016, 192 pp
Le droit et les sentiments (dir. L. Bolleri-Schenique et D. Lanzara), déc. 2015, 219 pages
L'erreur judiciaire : Apprendre à douter pour lutter contre les erreurs judiciaires (dir. Xavier Pin), novembre 2015, 119 pp
Fonctionnaires et droit pénal. Des justiciables comme les autres ? (dir. Marc Dalloz et Christine Courtin), septembre 2015, 226 pp
L'expertise non judiciaire à l'aune des droits fondamentaux, Thibault Goujon-Bethan, janvier 2015, 196 pp
Un art, un droit, une question – Triptyque juridico-artistique (dir. Diane Boustani, Dalida Chabri, Marion Combe, Sarah Farhi, Marie-Cécile Lasserre), octobre 2014, 210 pp
Le paiement (dir. Marc Mignot et Jérôme Lasserre Capdeville), juillet 2014, 298 pp
Le vice de procédure. Réflexions désordonnées d'un artisan du droit sur l'article 2241, alinéa 2 du Code civil, Denys Mas, juin 2014, 137 pp
Le droit de l'exécution des peines. Espoirs ou désillusion ? (dir. F. Ghelfi), 2014, 153 pp
Variations juridiques et politiques. Clés pour la compréhension du monde contemporain (dir. Yves Strickler), novembre 2013, 354 pp
Les infractions de harcèlement, Sylvana Paradiso, octobre 2013, 94 pp
Volonté et biens (dir. Yves Strickler et Fabrice Siiriainen), juillet 2013, 352 pp

La réforme de la garde à vue (dir. Christine Courtin), janvier 2013, 124 pp
L'arbitrage, questions contemporaines (dir. Y. Strickler et J.-B. Racine), juillet 2012, 224 pp
Le prix de la rupture. Au cœur des contentieux familiaux (dir. L. Antonini-Cochin et Ch. Courtin), mars 2012, 112 pp

Structures éditoriales du groupe L'Harmattan

L'Harmattan Italie
Via degli Artisti, 15
10124 Torino
harmattan.italia@gmail.com

L'Harmattan Hongrie
Kossuth l. u. 14-16.
1053 Budapest
harmattan@harmattan.hu

L'Harmattan Sénégal
10 VDN SICAP AMITIE 3
BP 45034 Dakar-Fann
direction@senharmattan.com

L'Harmattan Cameroun
Tsinga/Derrière polyclinique FECAFOOT
BP 11486 Yaoundé
Jacques.koukam@harmattan.fr

L'Harmattan Burkina Faso
Villa 281, secteur 23 623, rue 14.32
Ouagadougou
zagbie@outlook.fr

L'Harmattan Guinée
Almamya, rue KA 028 OKB Agency
BP 3470 Conakry
harmattanguinee@yahoo.fr

L'Harmattan RDC
185, avenue Nyangwe
Commune de Lingwala – Kinshasa
matangilamusadila@yahoo.fr

L'Harmattan Congo
219, avenue Nelson Mandela
BP 2874 Brazzaville
deunovmikhael@gmail.com

L'Harmattan Mali
Immeuble Mgr Jean Marie Cissé
Aci Hamadallaye
BP 145 Bamako
syllaka@yahoo.fr

L'Harmattan Togo
Djidjole – Maison Amela
face EPP BATOME
02 BP 20680 Lomé
didieramela11@gmail.com

L'Harmattan Côte d'Ivoire
Résidence Karl – Cité des Arts
Abidjan-Cocody
03 BP 1588 Abidjan
harmattan.ivoire@gmail.com

L'Harmattan Bénin
Rue 604, (Immeuble à l'entrée
de la rue UCAO- Cite de Saint-Jean)
Cotonou
stepcorpus@gmail.com

Nos librairies en France

Librairie internationale
16, rue des Écoles
75005 Paris
librairie.internationale@harmattan.fr
01 40 46 79 11
www.librairieharmattan.com

Librairie des savoirs
21, rue des Écoles
75005 Paris
librairie.sh@harmattan.fr
01 46 34 13 71
www.librairieharmattansh.com

www.ingramcontent.com/pod-product-compliance
Lightning Source LLC
LaVergne TN
LVHW051353061026
849535LV00009B/3166